U0927557

国宝新发现·经典解密系列丛书

《中庸》解密

折中非无为，乃生命的迂回
中庸不是道，是人生大智慧

苏木禄◎编著

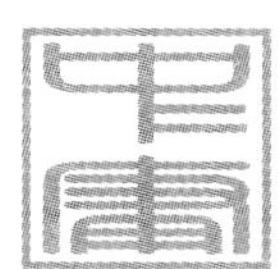

出版人的良知，五颗星的品质

图书在版编目（CIP）数据

《中庸》解密／苏木禄编著．—北京：企业管理出版社，2012.9

ISBN 978-7-5164-0153-8

Ⅰ.①中…　Ⅱ.①苏…　Ⅲ.①儒家　②《中庸》—研究

Ⅳ.①B222.15

中国版本图书馆 CIP 数据核字（2012）第 213932 号

书　　名：《中庸》解密

作　　者：苏木禄

责任编辑：宋可力

书　　号：ISBN 978-7-5164-0153-8

出版发行：企业管理出版社

地　　址：北京市海淀区紫竹院南路 17 号　　邮编：100048

网　　址：http：//www.emph.cn

电　　话：编辑部（010）68453201　　发行部（010）68701638

电子信箱：80147@sina.com　zbs@emph.cn

印　　刷：北京中新伟业印刷有限公司

经　　销：新华书店

规　　格：170 毫米×240 毫米　16 开本　16.25 印张　240 千字

版　　次：2013 年 5 月第 1 版　　2013 年 5 月第 1 次印刷

定　　价：29.90 元

序言

名著风景无限，阅读别有洞天

——破译经典里的密码

先扯点闲谈。你还记得在北京奥运会的开幕式上，鸟巢上空回旋着“子曰：有朋自远方来，不亦乐乎……”吗？但是，这些我们耳熟能详的“善言嘉语”，其意义并非从字面上就可以理解。例如，孔子曾说过：“学而时习之，不亦说乎？”意思很明显，即学过的知识时常复习，不也是一件很快乐的事吗？但最近有学者指出，这里的“学”指的是孔子的“学说”；“时”不应解作“时常”或“按时”，而应解作“时代”，也可引申为社会；“习”不应作“温习”讲，而应作演习、采用讲。再如，开篇中我提到的那句“有朋自远方来，不亦乐乎”，有学者指出，“朋”指的是志同道合的人。如此看来，“学而时习之，不亦说乎？有朋自远方来，不亦乐乎？人不知而不愠，不亦君子乎？”这段话表达的应该是下面这个思想：

如果我的学说被时代或社会所采用，岂不是很令我兴奋？即便未被社会所接受，若是有很多赞同我的学说的人从远方而来，与我共同谈论，

不也很快乐吗？再退一步讲，若是社会不接受，人们也不理解我的学说，我也不生气，不也是一位有道德修养的君子吗？

别不屑一顾，这可不是我凭空捏造出来的，而是许多著名的学者经过多年的研究得出的结论。学者程树德在《论语集释·学而上》中指出："'学'字系名辞。"清人毛奇龄在《四书改错》中说："学者，道术之总名。"可惜，这些都未能引起人们的关注。

看到这里，如果你认为本系列书是独辟蹊径，刻意挖掘这些名著中有争议之处，那你就错了。在当今这样一个貌似繁华喧闹的时代，内心的宁静、成功和幸福是最大的奢侈。而寻找古代哲人的训语、教导为今所用便成了一种趋势。为此，我们立足现代人的视角，试图用解密的方式来重读这四本书中所涵盖的智慧。你千万不要以为在这个追求时尚化的时代，孔子、老子等人的思想不合时宜了。智慧永远都不会过时，孔子、老子等人的智慧是人类的大智慧，而大智慧应当属于所有的时代。瑞典1970年诺贝尔物理学奖获得者内斯·阿尔文博士曾说过："在全球化的今天，人类要继续前行，应当回到2500年前的孔子那里去汲取智慧。"可以这样说，你的生活经验越是丰富厚实，圣人们的智慧对你的启示和教益越大。

可是，这些名著中有太多难以理解之处。就拿《论语》这本书来说吧，为什么宋相赵普说"半部《论语》治天下"？南宋理学家朱熹为什么说"天不生仲尼，万古如长夜"？孔子究竟是怎样的一个人，他的魅力何在，而他的智慧是什么呢？为什么说孔子"年少"已"好礼"？"吾十有五而志于学"是什么意思？孔子所谓的"一以贯之"又是什么意思？

《论语》是这样，《中庸》也同样带有浓厚的神秘色彩。老子的《道

德经》更以深沉、深奥而著称，有句话说：“《道德经》，五千言，玄而又玄”。由于老子有意保密的缘故，使得历来在诠释《道德经》思想的问题上分歧甚大，莫衷一是。《三国演义》倒是易懂，但很少有人从攻心术的角度去破译于自身有益的说话方法。这些圣贤之言、古典名著大多都是点到为止，语焉不详，留给我们很大的思考延伸的弹性空间。

本套书之所以称解密系列，是因其从让人耳目一新的角度诠释了这些典籍。我们所选的《论语》、《道德经》、《中庸》、《三国演义》都可进入中国思想史上最灿烂的文章之列。几乎所有朝代的统治者，都试图根据自身的需要来解释这些圣人语录。这些解释五花八门，让诸如孔子等圣人的原意愈加模糊不清。此外，后人的许多解释也常无意中让《论语》、《道德经》等书扑朔迷离。究竟哪种解释更符合圣贤们的本意呢？要想探求真相，还得重读原著。

还有一点，不知你发现没有，我们大多数人对这些典籍的研习已自觉或不自觉地被注疏体例“格式化”了。正因如此，我们常会犯下一叶障目、断章取义的错误，难以跳脱出来观其气象，更不懂得如何用于当今社会。

我们不玩概念，也不搞玄奥的东西，而是联系实际，通过这套书——《论语》、《中庸》、《道德经》、《三国演义》展示给你古人的明哲保身之道、为人处世的要义、竞争制胜的学问，以及操控局面的权术、统驭天下的智谋，让古人的智慧回到大众生活和现实社会之中。循此进去，必将使你温故知新，豁然开朗，从而审视自我，成就精彩人生。值得一提的是，对于书中语录及其释义我们不敢自夸“无一字无来处”，至少“俱是按迹循踪，不敢稍加穿凿”。难能可贵的是，本套书在诠释自己不拘一格的独到见解的同时，还结合精彩的历史故事，让你读起来

更有趣味。

不知不觉这篇序言已写到结尾处。我不禁想起唐代诗人李白的一首七言绝句《山中问答》:“问余何意栖碧山，笑而不答心自闲。桃花流水窅然去，别有天地非人间。”我期待“有朋自远方来”，和我们一道积极探寻《论语》、《道德经》、《中庸》、《三国演义》，甚至更多名著里的秘密，“别有天地非人间”，不亦乐乎?

前言

中庸之道

人们不喜欢亲近中庸，倒不是因为讨厌它，而是医为不了解。因为不了解所以难免有些误解，难免会在潜意识里拒绝。人们总习惯将“中庸”定义为“折中主义”，认为其是以放弃个性、原则为代价所换取的片刻安宁，是不敢出风头、胆小怕事的懦弱行为。而这些普遍不被人们所接纳，因为21世纪是展现自我、张扬个性的时代。不展现自我，如何得到他人的青睐？不张扬个性，如何在残酷的竞争中脱颖而出？因此，人们不愿花费过多的时间去研习中庸。

这些其实都是对中庸的误解。事实上，“中庸”是一种思想修养的境界，是一种不偏激也不保守的态度，是一种进退自如、适时妥协的做事原则，更是一种和谐共生的生存智慧。它不是消极逃避，而是让人明白“和为贵”的重要性；它不是劝人退缩，而是教人以退为进，做到进退自如；它不是劝人做事缩手缩脚，而是教人把握尺度、注重分寸，在实事求是中自由发挥；它不是劝人放弃精明，变得愚钝，而是教人以诚待人、学会包容，在不知不觉中替自己消除不利因素……

现如今，人们的生活水平提高了，工作的步伐加快了，人们在都市的繁华中追求一个又一个梦想，找寻一个又一目标。而同时，人们的烦恼越来越多：复杂的人际关系、繁重的工作压力、残酷的竞争形势、诡

异的话中含义等都让人劳心费神、伤透脑筋。人们的空闲时间越来越少，少到没有时间好好休息，没有时间理清思绪，没有时间考虑自己的人生之路如何规划，只能被日益汹涌的物欲所困、名利所累。人们在疲惫的同时也迷茫着，就好像身陷盘丝洞一样，周身丝线缠绕，解不开，也推不掉，想发泄又无处施力，想逃避又避无可避。那么，与其花费时间在发泄和逃避上，不如静下心来了解什么是“中庸思想”。不要觉得中庸思想离我们很遥远，它其实就在我们身边，涉及了我们生活的方方面面，渗透了我们生命的点点滴滴。你无法忽视它的存在，也离不开它带来的影响。唯有真正领悟了中庸的思想，踏上了中庸之道，你才能在现实生活中做到游刃有余、左右逢源。

本书将针对人生、立志、做人、做事、处世、口才、修养、性格、创业、管理、智谋、处下等几个方面为你诠释中庸思想，以简洁易懂的语言风格让你理解中庸思想之于现代社会的现实意义。从而使中庸思想能真正融入你的生活，让你在面对社会、生活、家庭、工作时能方圆兼顾、进退自如，最终实现心中理想，成就一番事业！

目　录

第一章
追求中庸就是追求完美

解读《中庸》中的人生智慧

人的一生也许会经历无数次的失意、后悔甚至是绝望，因此，拥有一个完美的人生，对于我们来说是可遇不可求的。但不可求并非不能求，因为完美与否，很大程度上取决于我们怎样想、怎样做，而关于这个“想”和“做”的问题，有一本书给出了我们详细的答案，那就是《中庸》。

《中庸》详细解释了中庸及中庸之道。所谓中庸，就是恪守中道，不偏不倚，坚持原则，无过无不及。中庸之道就在于人们自觉地进行自我教育、自我修养、自我监督及自我完善，培养自己的理想人格。只要能做到这些，我相信你的人生，一定可以越来越接近完美！

白刃可蹈，中庸难求

子曰："天下国家可均也，爵禄可辞也，白刃可蹈也，中庸不可能也。"（孔子说："就算是治理天下国家这样的大事也可以完全做好，爵禄这样的诱惑也可以弃之不顾，面对利刃加身的危险也敢去行仁义之事，但要完全做到中庸几乎不可能。"）

——《中庸》第九章

可能很多人会以为中庸是可行的，奉行中庸之道很容易，其实不然。治理国家可以用智慧和雄才大略，拒绝俸禄只需要有一颗淡泊名利的心，而面对利刃加身需要勇气，这些看起来很难的事，其实都能做到。唯有中庸，知易行难。

人生在世，我们总会受到各种诱惑，滚滚红尘使我们迷失了本心，即使我们认为很得意的事情，也会存在这样那样的缺憾，没有人能够做到完美，我们只能尽可能地接近完美。人们常说一句话：一个人做一件好事并不难，难的是一辈子只做好事不做坏事。追求中庸之道是一个长期的过程，需要在个人品德上达到一定的境界。如此，才能战胜心中的私欲，在为人处世中做到既无不过，也无不及，而是恰到好处，符合中庸的标准。

元稹便是一个难以奉行中庸之道的例子。《旧唐书·元稹传》评价此人时有一句话："稹以素无检操，人情不厌服。"说的是他由于没有操守，所以人心不服。而他不被人心所服的原因就是他为了自己的利益，不惜认敌为友、以友为敌，不能坚守自己的节操。

元稹很早便开始了他的政治生涯，他生于唐代宗大历十四年，比白居易小几岁。贞元九年春，当时年仅十五岁的他便通过明经考试进入仕途，贞元十九年，他与白居易同时参加吏部的考试，并双双考中，被授予秘书省校书

郎。元和元年，两人又同时参加了由皇帝主持的制科考试，又同时被录取。此时的元白二人不仅私交甚为密切，政治理念也基本相同，又都是才华横溢的才子，时人将二人并称为“元白”，一时传为美谈。

由于元稹正直敢言，批权贵，惩贪佞，因此遭到很多人的嫉恨，一再被贬官。一次，元稹在河南得罪了当地的官员，被罚俸禄三个月，召还京师。在还京途中，元稹入驻驿站时，后来的宦官刘士元非要他将厅堂让给自己，元稹当然不让，于是两人争执起来。刘士元大怒，高声大骂，并破门而入，要叫手下“教训教训”这个不知好歹的小官。元稹吓得连鞋都来不及穿，只穿着袜子逃了出来。刘士元不依不饶，追上来用马鞭抽在了元稹的脸上。

这件事在朝堂之上引起轩然大波，按先来后到的常理，元稹都是占着理的，但当时的皇帝唐宪宗明知错在刘士元，却有意偏袒，反而将元稹贬为江陵士曹参军。

大臣们都对这个结果表示了异议，然而唐宪宗并没有理会大臣们的上奏，依然将元稹贬出朝廷，自从，便是十年之久。

这次贬谪使他的政治理念和处世态度都产生了极大的变化，比如，他在对宦官、藩镇、权臣等恶势力的态度上，由早年的极力与之斗争，开始转变为“不敬而近之”。因为他意识到这些势力是如此强大，自己一介清流是无法与之抗衡的，于是放弃了自己原来的坚持，转而亲近他们，与宦官握手言和、屈膝投靠。

比如在他任江陵参军时，对时任江陵监军的宦官崔潭峻刻意巴结。崔潭峻喜欢附庸风雅，元稹便不时将自己的诗作给他看，两人因此而打得火热。后来，由这个宦官向唐穆宗推荐，元稹终于得以进中书省，重新回到国家权力的中心。可惜，此时的他再也不是为人所称颂的清官，而是一只被人所厌恶的“苍蝇”。

在上例中，元稹未能恪守做人的底线，为实现私利而阿谀献媚，由原来的直臣沦落成佞臣。由此可见，孔子所说的“中庸不可能也”确是件难事。因为一个人要实现中庸之道，需要具备优秀的素质，需要勇敢、智慧、忠义，更需要执著。

林语堂曾说过，中庸是“中等阶级生活，是中国人所发现最健全的理想

生活”。既称之为理想生活，能够实现的人可能寥寥无几。但你也别轻言放弃，完全达到太难了，就往多一半上努力吧，仍取“中庸”。如此，你同样能在中庸和谐的氛围中探究人生之真谛。

【解密《中庸》】

奉行中庸之道不能仅凭一时的热血和勇气，而是需要我们的个人道德和修养达到一定的境界，持之以恒地坚持下去。当然，这并不意味着我们要放弃合理的物质追求，而是要在追求合理的物欲时，把握好一个度，不能违背自己的品德和社会的道德标准，更不能不择手段。

率性只痛快一时，中庸能太平一世

天命之谓性，率性之谓道，修道之谓教。（上天赋予人本性，人依照这种本性行事就叫做道，再依道的原则进行修养就叫做教化。）

——《中庸》第一章

以上是《中庸》开宗明义的一句话。它明确地表明了人生哲学修养的三个阶段，首先是我们天生的本性，通过修养达到我们追求的境界，也是我们为人处世的纲领，之后用我们的品德影响、感化他人，抵达教化的至高境界，最后实现中庸和谐的大同世界。

洪应明在《菜根谭》中写道：“清能有容，仁能善断，明不伤察，直不过矫。是谓蜜饯不甜，海味不咸，才是懿德。”意思就是说清廉绕来绕去而有容忍的雅量，心地仁慈而又能当机立断，精明而又不失之于苛求，性情刚直而又不矫枉过正。这个道理就像蜜饯虽然泡在糖里却不过分甜，海味虽然腌在缸里却不过分咸，为人处世如果能做到这种合适的程度，就算是达到极致了。

儒家历来主张中庸之道，放到为人处世中，便是一个“度”。任何时候都要掌握一个度，失去这个度就会坏事，比如饮食无度，就会伤身；荒淫无度，就会误国；玩笑无度，就会伤感情。

人生在世，都喜欢自由“率性”地生活，但我们要明白，这种自由也是一种有度中的自由，只有适度，才能享受自由。而为人处世如果无度，虽然可能会得意一时，但终究会给自己带来麻烦。

在三国末期，西晋大将军王浚于公元280年用火烧铁索之计，灭掉了东吴，从此结束三国分裂的局面。作为此战的领导者，王浚可谓建立了不世功

业，正是春风得意之时。但让他没有想到的是，在他克敌制胜的同时，安东将军王浑以不服从指挥为由，要求将王濬交司法部门定罪，接着又诬陷王濬攻入建康后，大肆抢劫吴国的珍宝据为己有。

这件事犹如当头一棒，把王濬打得彷徨失措，不知道该怎么办。他怎么也想不通，自己立了大功，反倒遭受了不白之冤。他心中郁结，每次晋见皇帝时，都一再陈述自己在伐吴之战中的努力，王浑所说的不听指挥和抢劫都是冤枉了他。有好几次他说的激动了，没有向皇帝辞别便自顾自地离去。

他的亲戚范通找到他说："你的功劳可谓大了，可惜你说话办事有些无度了，没有能做到尽善尽美，所以你才招了他人的诬陷和不满。"

王濬一听，便问道："你这话是什么意思？"

范通答道："当你凯旋归来之日，应当退居家中，再也不要提伐吴之事。从今天起你就说：'是皇上的圣明，诸位将帅的努力，我有什么功劳可夸的！'这样，王浑能不惭愧吗？他怎么再好意思诬陷你！"

王濬仔细一想，也有些道理，于是便按照他的话去做了，谗言果然消失了，而皇帝也对王濬夸奖不已，对王浑的举奏也置之不理。

这就是为人处世把握好度的效果，如果王濬不如此做，而是率性而为，坚持原来的做法，那么最后的结果很可能是杀身之祸。当他按照范通的做法，将皇帝和同事"拉下水"，有功同享之后，结局自然便皆大欢喜，免了一场祸事。

我们都熟悉一件史事，那就是韩信点兵的故事。传说汉高祖刘邦曾经问韩信："你看我能带多少兵？"

韩信说："陛下带兵最多也不超过十万。"

刘邦又问："那么你能带多少兵？"

韩信自信满满地回答："我是多多益善。"

以韩信的角度来看，他说的或许是事实，因此便直言相告。这是一种率性而为的处世原则，但他错就错在说错了对象。自以为有功便率性而为，口无遮拦，失了尺度，他的回答怎么能不让刘邦耿耿于怀呢？如果他能谨守中庸之道，恭维一下刘邦，何至于到最后落个身死的下场？

所以说，率性而为或许会痛快一时，但结局却未必圆满。而遵循中庸之道，却能享一世太平。

【解密《中庸》】

要想使个人的品德达到一定的境界，需要的是“教化”，这种教化来自于我们的家庭、学校和社会这三者的不断熏陶和教育，最终形成自己的性格，以此支配我们的言行。我们还要通过不断的磨砺，以及奉行人们约定俗成的，称之为道德的东西，形成自我的修养，以此为人处世。

情绪失控，所有努力将灰飞烟灭

喜怒哀乐之未发，谓之中；发而皆中节，谓之和。中也者，天下之大本也；和也者，天下之达道也。（人的喜怒哀乐的情绪在没有表现出来的时候，叫做“中”；表现出来后却能符合节度，叫做“和”。“中”是天下一切事物的根本；“和”是天下人们共同遵守的普遍原则，可称之为道。）

——《中庸》第一章

人的情绪包括喜、怒、哀、乐等，是人对人生充分的体验和感悟。情生于心中，抒发于外。不同的情绪通过合适的方式表达出来，能使人产生共鸣，同时使自己的心志得到磨砺。要想让自己生活得幸福，人生得志，就需要对自己的情绪有一个合适的掌控，只有自我克制与导引，使之合乎礼仪规范、符合社会道德准则，才能使情绪的表达成为我们成功人生的助力。否则，过度地强调自己的情绪，不仅使人觉得不近人情，还会引起他人的反感，伤害自己的人际关系。

因此，恰当地表达自己的情绪，从而达到和的境界，外感于天地，内应于体验，做到中规中矩，不过度强调自我之心，才能使自己的人生之路走得顺畅，避免所有的努力因为过度的情绪表达而付之东流。

子夏又名卜商，春秋末期卫国人，他是孔子的学生之一，以文学著称。孔子曾评价他是一位好学沉思、有志务实的人。他讲授“六经”，尤为注重对《春秋》的讲授，当时师从他的弟子超过了三百人，名震一时。在先秦思想史上，他是一位承前启后的思想家。就是这样一位历史名人，却险些因为没有控制住情绪而误了终身。

《礼记·檀弓》记载：子夏晚年因为丧子之痛，伤心过度，导致双目失

明。连番打击之下，他心灰意冷，离群索居，生活极为凄苦。一次，曾子前去看望他，对他说："听说老朋友的眼睛失明了，我前来看望你，希望能为你分担痛苦。"说完，二人相对哭泣。

子夏想起丧子、失明之痛，悲愤地说道："天哪！我并没有罪过呀！为什么让我承受这样的苦难呢？"

曾子却对他说："你怎么没有罪过呢？以前我和你在洙水和泗水之间一起侍奉老师，那时我们互相学习，互相促进。后来你却离开朋友，独自回到西河讲学，使西河的人称你为老师，而不知道我们共同的老师的思想。你只注重树立自己的名声，这是不仁，是你的第一条罪过。第二条，你居人之丧，只是自己悲痛，根本就不在意天下苍生的悲痛，更没有做出什么可以为人称颂的事，这是不义。第三条，你的儿子死了，你哭瞎了眼睛，不能珍惜父母赐予你的身体，这是不孝。就这三条，你还认为自己没有罪过吗？"

子夏听后，扔掉了手杖，拱手对曾子说："我错了！我错了！我离开朋友独自居住太久了！"

谁都不愿意承受痛苦，更不愿意看见灾难的发生。但它们并不以我们的意志为转移，而且往往来得出人意料。面对这些，我们哀、我们悲，这是人之常情，是至情至性的自然流露。但是，既然灾难已经来临，再怎么悲痛也没有用，情绪的表达也应有度。毕竟，生命是要珍惜的，死者已矣，而生者更应当担负起更好地活下去的重任。万不可如子夏一般因过度的情绪表达而让自己的人生陷入窘境或低谷。倘若如此，你之前的努力很有可能烟消云散。

【解密《中庸》】

要想人生变得美好，生活变得幸福，情绪至关重要！无论是愤怒还是喜悦，忧伤还是痛苦，都要有一个度，做到既不过分，也无不足，切合个人的情况，达到一个"和"的境界。适当的控制情绪，能让我们更加真切地感受这个世界，感受人生。当然，也有助于理解别人的情绪，让我们懂得善待他人，使自己的生命因此变得和谐而美好。

想谋大发展，先要做到“中和”

> 致中和，天地位焉，万物育焉。（如果能达到中和的境界，那么天地万物各在其位而运行不息，万物便各得其所而生长繁育了。）
>
> ——《中庸》第一章

天地间，万事万物，包括人在内，都有一定的生长规律，有各自的“位置”，即便是地震、海啸等灾害，也是合乎发展规律的自然现象。而人生在世，最重要的也是找准自己的“位置”，并力求让自己的“位置”恰到好处。只有合适的“位置”，才能促使人不断向前发展。

于是儒家思想便提出“中和”的理论，其中，“中”是人修养性情的内在功夫，“和”则是这种内在修养所表现出来的个人品德。如果我们能够修养性情，敦厚中正，便能符合万事万物的生存规律，从而达到中正和谐。

人生在世，要想谋求发展，就要遵循“中和”的思想。做事时要反复思考，果断行动。反复思考时，犹豫不决是大忌，会使人失去很多机遇，但不经思考，武断行事，也会犯下冒进的错误，导致不良的后果。

有些道理看上去很矛盾，比如有人说“三思而后行”，有人说“果敢善断”，那么到底哪个是对的呢？其实这是一个“火候”的问题，为人处世，最重要的就是掌握一个“火候”，或者说是一个度。把握好这个火候，就能游刃有余地撑控了事态的发展。

春秋时期，诸侯争霸，战乱当中，各诸侯国间，以及各诸侯国与外族之间，也要友好合作，建立联盟。魏绛和戎狄就是一个例子。

当时晋国在位的国君是晋悼公，他在内政上大力整顿，使君臣之间团结一致，国力日渐强盛，渐渐有了称霸的资本。北方的戎人对其不敢小视，

公元前569年，戎人无终部落的酋长派孟乐来到晋国，通过魏绛的关系给晋悼公献上了一些虎豹皮，请求晋国与戎人各部落讲和。

对于戎人的这个要求，晋悼公起初并不想答应，他曾说："戎狄他们都不讲信义，贪得无厌，不如讨伐他们。"

魏绛不同意晋悼公的说法，他仔细分析了当时晋国所处的位置和形势，对晋悼公说道："各诸侯国刚刚归服我们，陈国也是在最近才归服我们，并正在观察我们的表现。如果我们有德，他们就会更加与我们亲近，否则，他们就会不归服我们。现在如果我们兴师动众地去讨伐戎狄，就会让楚国乘机攻打陈国，而我们又不能去救援他们，这实际上就是抛弃了陈国，中原诸国也必然会因此而背叛我们。戎狄本来就难以驾驭，如果我们征服了戎狄却失去了中原，恐怕是得不偿失吧！"

听了魏绛的话，晋悼公依然犹豫，他问："还有没有比跟戎狄讲和更好的办法呢？"

魏绛回答说与戎人讲和有五大好处，请悼公认真考虑一下。

晋悼公听完魏绛的话后非常高兴，便让魏绛和戎狄各部落结盟。就这样，晋国与北方的戎狄部落结成同盟，使晋国解除了后顾之忧，为同楚国争霸提供了足够的实力。晋悼公为了表彰魏绛和戎的功绩，给予他很高的奖赏。

可以说，无论是晋国称霸还是魏绛的功成名就，都离不开"中和"二字，《论语》所谓："礼之用，和为贵。先王之道，斯为美，大小由之。"也就是说明君治国，无论什么事都会遵循和谐的标准去处理。放到为人处世上面，如果能达到"中和"的境界，凡事处理得恰到好处，和谐融洽，就能便于沟通合作，互利互惠，达到一个共赢的局面，这样一来，还有什么事做不成呢！

【解密《中庸》】

"中和"其实就是一个"火候"的问题，要想谋求发展，最重要的就是掌握这个火候，时机不成熟时不行，时机错过了也不行。有时候需要三思而后行，有时候却需要雷厉风行。其实人生在世，就是生活在矛盾中。想要达到"中和"的境界，一定要修养性情，心无杂念，诚意而行。尽力做到不偏不倚、和谐有度，如此，才能使自己的发展向着成功的彼岸靠近。

追求中庸不用轰轰烈烈，因为中庸就在日常生活中

君子中庸，小人反中庸。（君子的一言一行都符合中庸的标准，小人的一言一行时刻违背中庸的标准。）

——《中庸》第二章

人生在世，很多人追求中庸时总是把目光放在人生大事上面，而忽略了身边的小事。其实，中庸就是一种生活态度，它很平常，没有什么神奇之处。孔子认为，追求中庸之道，在日常的道德坚持和言行规范中是最难的。很多人往往会不自觉地半途而废，不能时时刻刻做到。

要想达到中庸和谐，就要修养品德，成为君子。君子之行着眼于维护大多数人的利益，处事以中庸为准则，能做到包容以为用，因势利导，在处事时注重适度、和谐，不偏不倚，无过无不及，既不极端，也不偏激，顺应自然发展之道，寻求一种内在的平衡。而小人只看重自己的好处，行事时私心过重，只注重眼前的利益，急功近利，既不能包容他人，也不愿与人分享，忽视他人的存在，其言行违背了中庸的标准。

很久以前，楚国有一位贵族，在一次祭祖过后，发现还有一壶祭酒没有用，于是便对他的门客们说："这壶好酒就算是我赏给你们的，你们拿去喝好了。"

门客们一听，都高兴起来，可是还没有高兴过头，才发现事情并没有那么简单。因为门客众多，可是酒却只有一壶，到底应该怎么分才合适呢？看着那壶酒，门客们不知应该怎么处理。有人想每个人少喝一点，可是这么多人分下来，那一点还不够塞牙缝的。要是大家平分的话，喝的更是不过瘾了，还不如给一个人喝呢！

大家坐在一起想了半天，有一个人站出来提了一个建议。他说："我们

来比赛画蛇，在一炷香的时间内，谁先画好谁就喝这壶酒。大家觉得怎么样？”其他人一听，都觉得这个提议不错，便一致同意。

比赛开始，门客们每个人都拿着一根小棍，分排站开，专心地在地上画了起来。每个人都想喝到这壶酒，不仅能解馋，而且还能在主人面前显现自己。因此，每个人都使出了浑身解数，一点时间都不敢耽搁，专注地画着。

其中，有一个人画得非常快，半炷香的工夫便画完了，他兴高彩烈地来到桌子前，准备独享这壶美酒。正当他要喝的时候，他发现其他人还没有画完，他便自作聪明地拿起小棍，边画边自言自语地说道：“看我再来给蛇添上几只脚，他们也未必画完。”

不料，他还没等把蛇脚画完，手上的酒壶便被旁边一个人一把抢了过去，原来，那个人刚刚画完蛇。这个给蛇画脚的人不干了，说：“你快把酒壶还给我，是我先画完蛇的，酒应该给我喝！”

那个人把酒壶往自己身后一放，笑道：“凭什么要把酒壶给你，你看你到现在还在画，而我已经画完了，这酒当然应该归我喝的嘛！”

画蛇脚的人一听顿时急了：“我早就把蛇画完了，只不过我是看时间还有很多，就给蛇添了几只脚而已。”

那人一听笑了，反驳道：“蛇本来就没有脚，你画了几只脚，那就不能算是蛇了，这酒你就更没有理由喝了！”说完，他理直气壮地把酒壶拿出来，毫不客气地喝起酒来。

就因为做了给蛇画脚这样多余的事，这位门客最终丢掉了本应属于自己的酒。在日常生活中，中庸之道处处存在，做什么事情都要分清轻重缓急，无论是大事还是小情，如果已经把应该做的事情做好了，就没有必要再添加一些不必要的枝叶，这样反而过了度，违背了中庸之道。

【解密《中庸》】

不是只有轰轰烈烈的大事才讲究一个中庸，生活中的小事同样要讲究中庸。日常生活中，有的人过于追逐物欲，有的人过于刻苦自励；有的人无度的挥霍财富，有的人则一毛不拔，这些都不是正常的生活之道。就像人的

双手，始终紧握拳头是不正常的，而只张不合也是不正常的，只有拳掌舒卷自如才是正常。所以，凡事要适可而止，不偏不倚，做事别太苦，享乐别过分，处世别太苛刻，从日常生活中寻求中庸之道。

人生有多精彩只有自己最清楚

君子依乎中庸，遁世不见知而不悔，唯圣者能之。

君子信奉中庸的道理，就算他们隐姓埋名居于山水之中而不为世人所知，也终不后悔，而唯一能做到这点的，就只有圣人了。

——《中庸》第十一章

人都想让自己的一生过得精彩、有意义。有些人喜欢风光无限的生活，这种人自视甚高，凡事都要与众不同，甚至用荒诞怪异之行来一鸣惊人，以欺世盗名。这种人好走极端，容易偏激，这就是中庸之道所说的“过”。还有一些人，虽然选择了中庸之道，坚持中正守和，但却浅尝辄止，半途而废，没能坚持下去，这是中庸之道所说的“不及”。

除此而外，还有一种人，他们能够沿着自己选择的方向坚持走下去，无过无不及，一条路走到底，有着“路漫漫其修远兮，吾将上下而求索”的独立精神，还有着淡泊名利，即使默默无闻，也无悔终生的牺牲精神，这是符合中庸之道的，也是圣人所赞赏并身体力行的。

我们都知道三国时期，那句“卧龙、凤雏，得一人而安天下”的名言，卧龙指的是诸葛亮，凤雏则是庞统。正是这句名言，才有了后来刘备三顾茅庐，请诸葛亮出山的故事。而这句话出自于一位不彰显于人世的大能——水镜先生。

这位水镜先生真名叫司马徽，字德操，颍川阳翟人，他的才能，在于其眼光精准，善于识别人才。但是他并没有以此来闻达天下，而是将之隐藏起来，从不随便议论。当他住在襄阳时，认为此地的主人刘表为人阴险，必定会暗害好人，因此更加隐讳，闭口不谈当时各界名流的是非，凡是有人问他，某人怎样？他都千篇一律地回答一个字：佳。

庞统，字士元，襄阳人，一说是司马徽的侄子，曾于刘备帐下担任军师中郎将，在进攻四川时，死于落凤坡，年仅三十八岁。他与水镜先生的交集出现在他十六岁那年，那时，他主动去看望司马徽，当时水镜先生正在树上采桑叶，水镜先生让庞统坐在树下，他采完桑叶下了树之后，两人从白天谈到深夜，谈了很长时间。

水镜先生非常赏识庞统，认为他将来一定会成为南郡文人中的首领，经过他的这番赞扬，庞统的声誉一天天高了起来。

后来，水镜先生搬到颍川老家，庞统从南郡历经两千里的路程去探望，当他来到水镜先生家时，看到他还是在树上采桑叶。这时的庞统与少年时代的见解有些不一样了，他从车子里探出头来对水镜先生说道：“我听说大丈夫活在世上，应该挂着金印，佩戴紫带，怎么能委屈自己的才能，在这里做养蚕人妇人的事呢？”

水镜先生听到庞统的话，笑道：“你先请下车，我再回答你的问题。”

庞统依言下车，水镜先生说道：“你只知道挑小路走能够早一点到达目的地，但不知道走小路却容易迷路。过去尧时的伯成子告别诸侯，到野外去耕地，并不羡慕功名的荣耀；孔子的弟子住在用桑树条圈成的门枢的屋子里，不要高大的官家豪宅。他们不稀罕住华丽的屋子、用肥大的马拉车、使唤几十名仕女。这就是古代的隐士许由、巢父心胸宽阔的地方，也是伯夷、叔齐足以骄傲的原因。在我们这些人眼里，像吕不韦那样用奸诈手段骗得官位的人，或者像刘景公那样拥有骏马的庸俗君主，都不足以夸耀的。”

水镜先生的这番话，表达出一位真正有才能的人，必定是一个有所坚持的人。无论是精彩还是平庸，都不会在乎别人的评价，即使才能得不到发挥，人生在世默默无闻，也不会与世俗同流合污，而是坚守自己的原则和操守，甘心做一个平凡的人。

【解密《中庸》】

人生在世，是精彩还是平庸，不能看别人的评价，而是要问问自己的内心，是否问心无愧，一生无悔。在这段人生的旅程中，人总要有所坚持，

做任何事情都不能选错道路，只要认为自己是对的，并且自己的所作所为对别人和社会都有好处，就要坚持下去，即使得不到别人的赞誉和显赫的名声，也不能放弃。因为别人的赞美和显赫的名声只不过是身外之物，关键是要坦然地面对自己的内心，每天都能过着幸福快乐的生活，这就足矣！

怨天尤人除徒增痛苦，别无它用

上不怨天，下不尤人。（对上不抱怨苍天，对下不迁怒他人）

——《中庸》第十四章

这句话在中庸的理论中占据着重要地位，是注释“君子素其位而行”的道理，它告诉我们，人在立身处世时，要遵循中庸之道，安分守己，对自己所处的位置上不抱怨天，下不迁怒他人，积极适应自己的角色，并努力把它扮演好。

由它引申出的成语“怨天尤人”，它的意思是指人们遇到问题，一味抱怨天，责怪别人。这种人在遇到问题时，不想着反省自己，还总找借口，这只能说明这个人非常没有自信，甚至处于自卑中，不敢面对现实，最终给自己带来痛苦，也给身边的亲人朋友带来烦恼。

很多人在遇到挫折时都会怨天尤人，可是仔细想想，抱怨有什么用呢？这个世界不会因为你的抱怨而改变，现有的生存环境也不会因为你的抱怨而改变。唯一的办法就是行动起来，努力改变自己，积极面对生活，不怨天，不尤人，坦然面对一切，这才是立身处世的积极做法。

美国有一位农民，他花了许多钱买下了一块土地，但等他买到土地以后，才发现这块土地非常贫瘠，种不了任何农作物。面对这次失败的投资，农民无计可施，心情也变得越来越沮丧。

有一天，他发现在矮矮的灌木丛中竟然藏了许多响尾蛇，突然灵机一动：既然这块贫瘠的土地种不了农作物，那就不如养响尾蛇吧。既能作响尾蛇罐头，又可以将蛇的毒液提取出来制成血清销售，这是一举两得的事啊！

于是他开始大量饲养响尾蛇，果然不出所料，他的生意简直好极了。后来他又把自己的农场开发成专供探险和观光的旅游胜地，引来了全国各地，

甚至是国际游客来这里游玩。农夫的生活也因此发生了翻天覆地的变化。

农夫购买的土地，贫瘠的缺陷并没有改变，改变的是农夫自己。在面对恶劣的土地状况时，农夫没有怨天尤人，而是主动寻求到了解决问题的方法，调整了自己的目标，校正了人生的方向，以积极的心态投入到一个新的领域，终于踏上了通往成功的阶梯。

安娜非常喜欢艺术，尤其是舞蹈，因此她报考了一所芭蕾舞蹈学校学习芭蕾舞。不幸的是，在一次舞蹈训练中，她的颈部受了重伤，虽然生命没有危险，但伤好后脖子却歪了，想再练芭蕾已经是不可能了。

对安娜来说，她遭受了人生中最惨重的一次打击，她消沉了很长时间，才慢慢缓了过来，并寻找到了新的方向。多年以后，在一次同学聚会中，某日的老同学惊讶地发现，她已经成为某著名乐团的首席小提琴手。以歪脖的姿势拉小提琴，竟然不再是缺陷。同学问起她成功的秘诀，她说道："正是因为颈部受伤，感受这样的姿势正好适合自己，练琴时也就没有其他小提琴手的不适感，练琴的时间也就比别人更长、更用心，久而久之，我就成了乐团的首席小提琴师。"

很多人碰到艰难困苦，遭遇了打击，就会怨天尤人，抱怨自己命不好，上天对自己不公平。其实，在面对艰难困苦时，怨天尤人除了会增加自己的痛苦外，一点用处都没有，有那个抱怨的力气，还不如从自身找找原因，别主观不努力，客观找原因，那样解决不了任何问题。要有一个积极的心态，通过自身的努力来解决问题。

一个人有一条小船，一天，他准备驾船去上游一个小镇上给朋友送点东西，当他驾着小船走到一半的时候，突然发现面前一条小船沿河而下，迎面向自己的船快速驶来。

"让开，快点让开！你这个白痴！"这个人大声地向对面的船只吼道，"再不让开，你就要撞到我了！"

但是，他的吼叫完全没有用，那条船最后还是重重地撞上了他的船。这个人被激怒了，他大声斥责，可是当他仔细审视对面的小船时，才吃惊地发现，小船上竟然一个人都没有，这只是一条空船而已。

当你怨天尤人的时候，或许你抱怨或吼叫的对象只是一条"空船"，它

不会因为你的抱怨而改变航向。如果在灾难来临前，尽快改变航向，而不是一味的抱怨吼叫，或许能避免灾难的发生。

因此，面对挫折灾难，怨天尤人没有任何用处，莫不如把怨天尤人的力气放在改变自己的境况上面，想办法解决问题，避免挫折或灾难的发生，这才是正道。

【解密《中庸》】

不怨天尤人是一种习惯，也是一种积极的生活态度。有一句话说得好，“不要抱怨生活欠了我们什么，因为生活根本就不知道我们是谁”。面对人生的挫折困难，先不要抱怨，要用乐观积极的态度去对待每一件事，你会发现，原来生活是那么地美好。

于不动声色中积累一飞冲天的资本

子曰："鬼神之为德，其盛矣乎！视之而弗见，听之而弗闻，体物而不可遗。使天下之人齐明盛服，以承祭祀。洋洋乎！如在其上，如在其左右。《诗》曰：'神之格思，不可度思，矧可射思。'夫微之显，诚之不可掩，如此夫！"（孔子说："鬼神的功德多么伟大啊！虽然人们看也看不到它，听也听不到它，但在体会人世间的万物时，它又存在着。它能使天下的人们戒斋沐浴、穿戴盛装，参加祭祀它的仪式，就好像它就在人们的头顶，又好像在人们的身边。《诗》说道：'鬼神的来临，不可测度，也不能怠慢！'鬼神本来是潜隐的，却能表现得如此显明，是因为诚心，不需要掩饰的诚心竟然有如此大的效果！"）

——《中庸》第十六章

孔子借助鬼神的德行之大之广的论述，来说明中庸之道就像鬼神一样无处不在，同时也说明君子奉行的中庸之道广大而又精微，像鬼神一样，看不见，听不着，但就在我们身边，体现在我们的一言一行中，指导着我们的为人处世。

世间有很多人，他们总是默默地坚持着自己的信仰，做着自己喜欢的事。经过时间的磨砺，往往会在不动声色间，在别人没有注意到的时候，积累出一飞冲天的资本。

历史上有这样一个故事。明朝时期，在江苏太仓一带有一位小有名气的画家，他叫周元素，身边有一位画僮叫阿留。阿留八九岁时便跟随在周元素身边，他有一双大大的眼睛，厚厚的嘴唇，看起来一副憨厚的样子。实际上，这个小阿留也确实有些傻乎乎的。一次，周元素早晨出外访友，临走之

前，他交代小阿留说：“你在家看好门，有谁来了，记住他的样子，等我回来再告诉我。”说完便出去了。

等到晚上他回来，问阿留今天都来了什么人，小阿留傻乎乎地答道：“有，来了好几个哩。”他一边用手比划着，一边说，“有个矮矮胖胖的，有个高高瘦瘦的，有个漂漂亮亮的，还有个拄着拐杖的老头。”

周元素听明白了，又笑着问他：“还有没有其他人来过呀？”

阿留有些得意地回答说：“我怕来的人多了记不住，老头子走后，我就拴上了大门，没有再出去过。”

周元素是个宽厚的长者，面对阿留的蠢笨，并没有责怪他，他知道阿留有点笨，起码在为人处事方面没有丝毫长处。

但是阿留也有长处，每当周元素写字作画时，一定要阿留为他磨墨、调颜料。因为阿留每次都会把墨磨得很浓，所以周元素用他磨的墨写字效果特别好。至于调颜料，阿留对色彩的辨别能力似乎特别强，每次都能调出周元素想要的颜色，而且恰到好处，从来没有出过错。

所以，每当周元素写字作画时，阿留在磨好墨、调好颜料之后，总能在旁边看着周元素是如何写字作画的。有时候，周元素画花鸟，阿留还会给出一些建议，比如对花的颜色可以再重些，那只鸟的尾部可以再增加点其他的颜色等等，而周元素也会采纳阿留的建议，之后的画作果然效果增色不少。

有一次，周元素准备作画，看到阿留在旁边专注地看着，便半开玩笑半认真地对阿留说：“你是不是也看出点什么名堂来，你能画几笔吗？”

出乎周元素的意料，阿留竟然很认真地回答道：“这有什么难的！”

周元素大奇，便说道：“那你就画给我看看吧！”说着把手中的画笔递给了阿留。

小阿留也不推辞，卷了卷袖子，开始在纸上画起来。不一会儿，一幅出水芙蓉图就画完了，只见满塘池水荡漾，一片小小的荷叶在微风中摇曳生姿，一只蜻蜓正准备在荷叶上驻足。整幅画，正是取自杨万里的名句：“小荷才露尖尖角，早有蜻蜓立上头。”

周元素被惊到了，他拿起画细细端详。这幅画意境开阔，构思巧妙，在色彩和线条的把握上也颇有功底，的确是一幅不可多得的好画。要不是亲眼

看着小阿留作画，周元素怎么都不敢相信，这样一幅精美的画作竟然出自这个看起来有点傻乎乎的小画僮之手。

接着，周元素又叫阿留画了一幅。阿留沉思了一会儿，很快又画了一幅，只见微风拂过，弱柳轻轻摆动，一只燕子斜着身子从天空掠过，向着弱柳飞来。虽然画面中只有一株弱柳、一只燕子，但却让人感受到了一股暖暖的春意，感受到一片盎然的生机，其笔法老道，完全就像是出自一位老练的画家之手。

周元素把家里人都喊了过来，一起看阿留作画，阿留也不怯场，又画了一幅青鸟翠竹图。这下子，整个周府为之震动，纷纷称赞阿留“心有灵犀一点通！”从此往后，太仓一带又多出了一位叫阿留的画家。

【解密《中庸》】

一个人能够取得多大的成就，有时候跟先天的愚笨或聪明并没有必然的联系，更多的是后天的努力和拼搏。有时候按照自己的意愿去做，投入更多的精力和心血，往往能在别人没有注意的情况下取得不俗的成就。

将中庸坚持到底，你会受益匪浅

是故君子动而世为天下道，行而世为天下法，言而世为天下则。远之则有望，近之则不厌。《诗》曰："在彼无恶，在此无射。庶几夙夜，以永终誉。"君子未有不如此而蚤有誉于天下者也。（所以君子的一举一动都能作为天下的准则，行为可以作天下人的法度，说出的话也可以作为天下人的准则。使隔的很远的人有敬仰之心，使在近处的人也不产生厌恶之意。《诗经》里说："在那个地方没有人厌恶，在这个地方也没有人厌烦，每天的操劳，就是为了保持一生美好的名望。"君子没有不这样做便能早早在天下间获得名望的。）

——《中庸》第二十九章

一个人的品德是否美好，并不是靠着一张嘴空口一说就能让别人相信的，必须要用实实在在的行动表现出来，让别人亲眼看到，亲身体验到，然后才能让别人相信你的品德美好，并赢得他人的真心折服。

真正的君子，就是要少说空话，多做实事，一旦自己说了什么话，就要努力去兑现，以实际行动来修养性情。要做到"敏于事而慎于言"，就是说在日常生活中，要立正自身，着眼于事实，为人处事要经过大脑的思考，理性的判断、不偏激、不保守，以中庸为准则来思考、行事。当作出某种决定时，就一定要坚持下去，不能人云亦云，盲从无措。

小李是北京一家贸易公司的职员，由于公司上半年的营利出现问题，所以公司向全体员工发布了裁员通知，而小李就是其中之一。按规定，他有两个月的时间另寻他路，公司还会负责支付小李两个月的工资。小李从知道自己注定要被裁员的第二天开始，情绪就变得非常激动，想到自己这几年兢

兢业业地工作，还没等到升职，就迎来了这样一个结果，他的心里非常不平衡，思想上更是想不通。

于是，他开始找同事诉苦，后来又去找部门领导申冤，认为公司把自己裁掉绝对是一个错误的决定，自己是一位优秀的员工，不应该接受这样的安排。最后又托人找经理去说情，他已经无法把心思放在工作上了。

然而，他的这些“努力”都没有得到什么好的效果。奔走了将近一个月，小李心神俱疲，终于认命了。他想，事情已经不会有什么转机了，干脆就死了这条心吧。

从那以后，他不再整天怨天尤人，而是一边开始寻找新的工作，一边决心站好最后一班岗，把自己份内的工作认真做好。

两个月的时间不知不觉就过去了，当小李做好准备离开公司的时候，公司领导把他叫到了办公室，希望他能够留下来继续工作。

生活总会给人们意外的惊喜。面对裁员的打击，小李从不理智变为理智，既没有偏激地去怨天尤人，也没有颓废不堪，而是通过自己的理性分析，作出了继续认真工作这样的决定，不得不说，这是一个非常明智的决定。正是因为小李不自觉地以中庸之道为行事准则，才使他的人生受益匪浅，所以说，一个人活在世上，站稳自己的立场至关重要。

当然，在现实生活中，每个人的人生观、价值观和世界观都有所差别，所以对朋友的观点，如果认为是对的，就要予以肯定和支持，反之则不能随便附和，要做到权衡两端，时中而立，紧守中庸之道，不偏激，不保守，坚持到底地去实行。

前英国首相撒切尔夫人在她 5 岁生日那一天，父亲把她叫到跟前，语重心长地说：“孩子，你要记住，凡事都要有自己的主见，要用自己的大脑来判断事物的是非，千万不要人云亦云。”

一个人立身处世，不能人云亦云，别人说什么就是什么。要紧守中庸之道，立正自身，要有自己的坚持，有时候，对心中的信念有所坚持，并为此而努力，你会发现，到最后往往会收获一些惊喜。

【解密《中庸》】

中庸之道不是说说就可以的，而是用行动来实践的。光说不练，只在口头上动动嘴皮子，这样是无法在社会上立足的，也不会得到什么好处。立身处世，要将中庸之道坚持到底，用行动来赢得他人的折服，赢得有益的人生。

第二章

于中正平和中不断超越

解读《中庸》中的立志之道

中庸讲究中正平和，但它并不摒弃激情，因为激情是一个人前进的动力。不同的是，中庸的激情不是汹涌澎湃的大江，而是涓涓流淌的小溪，缓缓地由人的内心流出，静静地游走在你的身边，如影随形。这就是中庸式的激情，或者我们叫它中庸式的志向，因为激情往往是由志向激发出来的。

中庸对志向的定立有非常严格的要求，它要求人们的志向要善，要经得起时间和挫折的考验，更重要的是，你的志向要和大家的利益摆在同一个方位。因为这样不仅可以升华你的志向，更有利于志向的实现！

坚持到底的志向才能称为志向

诚者，不勉而中，不思而得，从容中道，圣人也。诚之者，择善而固执之者也：博学之，审问之，慎思之，明辨之，笃行之。（天生真诚的人，不用勉强就能做到，不待思考就能拥有，所以可以从从容容合于中庸之道，这是圣人才能做到的。想做到真诚，就要选择美好的目标执著追求：要广泛修习学问，深入追问，谨慎思考，明辨是非，并扎扎实实、坚持不懈地去执行。）

——《中庸》第二十章

儒家思想认为，诚是成就一切的基础，万物以天地之诚为诚，依据各自的天性而生长发育，使这个世界生动而精彩。对人来说，诚是我们内心的天性，而中庸正是诚的体现，是情绪的天然表达。任何过度，都会显得虚伪而损害诚；任何不及，又显得做作而让人难以置信。所以过度与不及都是诚意不足的表现。

人无诚不立，事无诚不成，诚是一种理智思考后的坚持，也是奉行中庸之道的根基。一切成就都是建立在长期的坚实的积累上，也只有这种长期的积累，坚持到底的劲头，才能称之为志向。

苏轼说：古之立大事业，不惟有超世之才，亦必有坚忍不拔之志。唯有树立积土成山、驽马十驾的治学精神，才有可能求得真知，成就事业。

维斯卡亚公司是美国著名的机械制造公司，该公司生产的产品代表着当今世界重型机械制造业的最高水平，畅销全世界。因此，有数不尽的各类人才都想进入该公司，成为这家著名公司的一员。甚至那些刚刚从名牌大学毕业的高材生，也都挤破了头地往这家公司钻，但大多都遭到了拒绝，因为公司的高技术人才已经饱和，甚至连人才储备都满了。但是公司那令人垂涎的

待遇、业内翘楚的地位仍然使众多求职者趋之若鹜。

史蒂芬就是这些求职者中的一员，他是哈佛大学机械制造业的高材生。他和许多人的遭遇一样，在维斯卡亚公司每年一次的招聘会上没能如愿以偿。但是他并没有灰心，他早就知道不可能轻松进入这家公司，也做好了失败的准备。

接下来，他找到公司人事部，提出为公司无偿工作的要求，希望人事部可以给他安排一些工作，而且不论是什么工作他都可以不计报酬。公司非常惊讶，感觉不可思议，但是看到史蒂芬认真的神情，经过考虑，想到不用任何花费，也不用操心，于是决定留下他，并把他分配到车间去打扫废铁屑。

史蒂芬便以这样一种方式进入了维斯卡亚公司，一年以来，他勤勤恳恳地重复着这种简单而枯燥的工作。为了养活自己，他在下班后还要去酒吧打工。虽然很多公司领导和工人们对他都很有好感，但是公司高层仍然没有录用他的迹象。

史蒂芬并没有灰心，他曾发誓要进入这家公司，他一直在努力坚持，并寻求机会。后来，由于公司的产品出现质量问题，造成很多订单被退回，公司因此也蒙受了巨大的损失。公司高层为了挽救颓势，紧急召开会议商讨对策。史蒂芬敏锐地感觉到自己的机会来了，于是，当公司高层无计可施时，他闯进了会议室，声称自己有办法解决公司目前遇到的难题。

经过高层的许可，史蒂芬走上讲台，对问题出现的原因作出了令众人信用的解释，并且就工程技术上的问题提出了自己的看法，随后，他拿出了自己对产品的改造设计图。可以说，这份设计图比原来的产品设计要先进许多，难能可贵的是，它还恰到好处地保留了原来机械的优点，并成功解决了产品的缺陷。

面对这份意外的惊喜，公司高层纷纷关注起这个年轻人来，总经理及董事会成员怎么也想不到，这个穿着清洁服装的青年竟然如此精明在行，才华让人赞叹。众人好奇之下，问起了他的现状，在之后不久，他便被聘为公司负责生产技术问题的副总经理。

原来，史蒂芬在生产车间做清扫人员时，利用清扫工能到处走动的便利，细心地观察了整个公司各部门的生产情况，并作了详细记录。经过长期

的记录和观察，他发现了公司产品的技术性问题，并研究出了解决的办法。为此，他花了近一年的时间统计数据、设计产品，为最后的一鸣惊人打下了坚实的基础。

【解密《中庸》】

想成就一番事业，要有一份“诚”，这份诚可以称之为志向，但是光有志向还不够，还需要有一份坚持下去的意志，只有坚定不移地沿着自己选定的道路走下去，这样的志向才可以称得上是真正的志向，这样的志向才会有成功的可能。

用自己的“诚”影响他人

诚者，非自成己而已也，所以成物也。成己，仁也；成物，知也。（诚并不是成就自己便可以了，还要推广成就到万物中去。成就自己是仁，成就万物是智慧。）

——《中庸》第二十五章

儒家思想认为，人要做到“诚”，就要“好学近乎智，力行近乎仁”。把智、仁与诚紧密结合在一起。因为，从大的方面来说，“诚”是万事万物生存发展的根本规律，贯穿事物发展的始终；而从小的方面来讲，“诚”是一个人的内心的自我完善，诚足便成志，同时这个诚会外延到周围的人和事。诸如法国文学家大仲马在《三个火枪手》中说的那句话：“我为人人，人人为我；人人为我，我为人人。”不仅要自己做到“诚”，还要通过努力，用自己的“诚”使他人也变得“诚”。

唐代名臣房玄龄就是用他自己的言行影响了身边的人们，使唐代初年呈现出一番欣欣向荣的景象。

贞观元年，唐太宗任命房玄龄为中书令。这一年的九月，唐太宗封赏群臣，并让陈叔达在殿下唱名示之。结果，房玄龄与杜如晦等人功列第一，房玄龄封爵邗国公，食邑一千三百户。

一段时间过后，房玄龄进位尚书左仆射，监修国史，更爵魏国公。一天，唐太宗与房玄龄议论为政之道，房玄龄说：“为政之道，应当用法宽平，早晚尽心，恐一物失其所。闻人有善行，如己有之。不以求全而责于人，不以己之所长衡量他人之短。”

唐太宗说：“公言甚是，朕以为政莫若至公。昔诸葛亮流放廖立、李严于南夷之地，诸葛亮卒后，廖立、李严悲哭不已，非至公能如此乎？朕非常

仰慕前世之明君，公不可前世之贤相也。”

这段对话使君臣二人都清楚了彼此的志向和理念，因此在日后的交往中更加和谐。贞观三年，房玄龄、王硅以宰相身份主持评议百官政绩，治书侍御史权万纪觉得不公，便上奏朝廷，要求治房、王二人的罪，唐太宗委派侯君集查究此事。魏征上奏为房、王二人辩护说：“玄龄、王硅皆朝廷旧臣，素以忠直为陛下看重，多所委任。其所考评之人，数以百计，岂能没有一二人不当者？察其情形，非为阿私所致。若推问出确有其事，陛下还能委之以重任吗？且权万纪自身也在考堂，其身不得考，便有如此陈论。此正欲激陛下之怒，非竭诚为江山社稷计耳。”

唐太宗听到魏征的话，不禁回想起房玄龄这几年来兢兢业业、日理万机的辛劳，再想到平素房玄龄的为人，便恍然而悟，不再追究此事。房玄龄为贞观盛世的来临，可谓是竭尽全力、呕心沥血，正是他平时的表现，使唐太宗相信了他的为人，很难说唐太宗成为一代明君，其中有没有受到房玄龄等开国贤臣的影响。

史载，房玄龄曾因微过而被唐太宗遣返回家，当时的朝堂之上很多人为之求情，褚遂良便上奏说：“房玄龄自义旗初建始，翼赞圣功，武德之季，冒死决策；贞观之初，选贤立政，人臣之勤，玄龄为最。今玄龄并无不赦之罪，岂可弃之！陛下如果嫌其衰老，可讽劝使之退休，不可以微小之过而弃数十年之勋臣。”

唐太宗也觉得自己的做法有些过分，派人召回房玄龄。但不久之后，房玄龄再次被遣回家，但这次没等群臣上奏，唐太宗便主动摆驾房府，将房玄龄请回朝中。相传，当时京城一带已经大旱数十天，但当唐太宗亲自将房玄龄请回朝后，便下了一场大雨，解了旱情。京城百姓欢呼雀跃，纷纷说这是陛下优待房玄龄之故也！由此可见房玄龄在当时百姓的心中堪称圣贤，深受人们的爱戴。

房玄龄虽然身居高位，名闻天下，但却从不居功自傲，也不争权夺利。史载，唐太宗曾召集大臣，议论世袭之事，并封房玄龄为宋州刺史，更爵梁国公。如果此议成，那么房氏一脉便能世世代代保其荣华富贵，但房玄龄却认为自己身为宰相，应为众大臣作出榜样，不可贪图功名，便上奏唐太宗

说：“陛下，臣已身居相位，又封宋州刺史，这样会使其他大臣产生不好的想法，追逐名利，惑乱朝政，使朝堂纷乱，天下不宁，请陛下先罢臣的刺史职位，以正大臣视听。”

唐太宗深以为然，便按房玄龄的意思办理此事，只封爵梁国公。朝中众大臣以房玄龄为榜样，纷纷效法，辞去能世袭的官职，使朝堂为之一清。唐太宗曾很感慨地说：“上行下效，朝中大臣今日能有如此行动，皆玄龄之功也！”

房玄龄不仅给自己修养出良好的德行，其在治国方面的所作所为无不表现出一个贤相的风度，而且还使他周围的大臣们纷纷效法，树立了自己的威信，成为人人称颂的一代圣贤，其根本就在于房玄龄其志不仅关乎己身，成就自己，还成就了他人。

【解密《中庸》】

一个人具有良好的德行、崇高的品格固然值得称颂，但是如果能用自己的品格和德行感染周围的人，让他们也能像自己那样去做，既成就了自己，也成就了别人，这是一件再好不过的事了。

志向要能经得起挫折的考验

> 故至诚无息！不息则久，久则征，征则悠远，悠远则博厚，博厚则高明。（所以至诚没有停息的时候，而不停息就能长久存在下去，存在的长久就会有征验，有征验就会显得悠远，悠远就会博大深厚，博大深厚就会显得高大光明。）
>
> ——《中庸》第二十六章

《中庸》对诚的看法，认为它是一种发自心底的真挚情感，是人的真性情的自然流露。如果选择了诚，就要在这条路上坚持不懈地走下去，要做到言行一致，坚守一种正道。

人生在世，立志也要如此，运动场上有这样一句话："生命不息，运动不止。"立场也要如此，要坚持到底，永不停息，哪怕经历了失败，哪怕再怎么困难，也要坚守心中的大志向。

历史上，严嵩虽然为人所诟病，但无论是遗臭万年也好，流芳百世也罢，他既然能在历史上留下名号，自然有他与众不同的地方。起码他做事便有种不达目的誓不罢休的劲头，不怕挫折，不怕失败。

史载，他与夏言是同乡，而且还比夏言早十二年中的进士，只是由于身体方面的原因，他一直在家养病，难获升迁。当夏言官至礼部尚书时，严嵩还是一个芝麻小官。

严嵩不甘心一辈子做个小官，他也想加官晋爵，得享荣华富贵，于是他把目光瞄向了夏言，极力讨好他。一次，他设宴请夏言来家里做客，却被夏言拒绝。一般人认为既然这样，那就算了吧！可严嵩并不这样想，他又亲自拿着请柬到夏府相邀。夏言依然拒不接见。到了这个地方，一般人早就怒火中烧，自觉丢了面子而不再请他了。但是严嵩依然没有气馁，回到家中依然

设席，并虚留了夏言的座位，恭恭敬敬地跑到夏言座前宣读请柬，以表达自己的诚意和敬意。他的行为往坏了说，是不要脸，但往好了说，何尝不是面对挫折而毫不气馁、继续努力呢？

此事传出去后，夏言终于被严嵩貌似真诚的姿态所打动，决定拉这位虔诚恭敬的同乡一把。当然，夏言这样做也是出于他自身的考虑：严嵩如此礼敬自己，如果不给面子，他人肯定会议论自己不近人情，会损害自己的名声，因此，他也是不得不接受了严嵩。

后来，在夏言的推荐下，严嵩果然平步青云，当上了礼部侍郎。夏言出任宰相后，又推荐他接替自己礼部尚书之位。严嵩初掌大权，当然志得意满，但他此时没有失态，依然对夏言恭敬如初，并以下属和学生自居。而夏言也很受落，以老师和恩人自居，对严嵩呈送的文稿，经常改得面目全非，有时还会掷回重写。面对这样的待遇，严嵩并没有生气，因为他并不是一个甘心久屈人下的人，他对自己的志向有很明确的认知，他认为夏言迟早会成为自己升迁道上的拦路虎，将来必定要除掉他。因此，虽然表面上他对夏言依然恭敬，但暗地里早就盘算好了对付他的主意。

他知道明着向夏言开战并不划算，因此采取了一种隐晦的办法：夏言对皇上疏慢不恭，他就俯首帖耳，夏言对属下傲慢无礼，他就礼贤下士，总之，他处处反衬夏言的不足，结果，可想而知，严嵩越来越受到皇上的信任和属下的爱戴，而夏言则越来越无法在朝堂上立足。最终，夏言被处死，严嵩则一跃而成为一人之下、万人之上的宰相。

不谈他手握大权之后如何把国家搞得乌烟瘴气，单单回过头来看看他的升迁历程，他之所以能赢得夏言的信任，在仕途上一帆风顺，关键的一点就是他在面对挫折和困难时没有失望，没有放弃，依然坚持，以假乱真的真诚打动了夏言的心，获得了他的信任。而在进入朝廷后更是以此赢得了皇上的信任和属下的爱戴，最终得偿所愿。

【解密《中庸》】

要想实现自己的目标，仅凭志向还远远不够，还要有坚持下去的勇气，

要经得起挫折的考验。否则志向就像无根的浮萍，到头来只是一场空。无论做什么事，认准了就要坚持把它做好，不要以为什么事情都会顺风顺水，有了志便能成功的，关键是要做好经受挫折的准备。

立志是为了给理论一个实践的机会

故君子尊德性而道学问，致广大而尽精微，极高明而道中庸。温故而知新，敦厚以崇礼。（所以君子以德行为尊，以学问为到达德行的途径，尽其所能地致力于广博的学问中，而又尽可能地做到精通最精微的学问，追寻那高大光明而又不偏不倚的中庸之道。温习学过的知识而又能得到新的学问，使自己的德行敦厚以尊崇礼义。）

——《中庸》第二十七章

任何事情，想要把它办好，要主、客观两方面的条件都具备才行，只有理论与实践相结合，才是做事成功的保证。《中庸》认为，立身处世，光有德行和常识是不行的，它并不能使人通行无阻地去实现圣人之道，还需要有客观条件的支持。按现代的理解，就是说理论具备只是成功了一半，另一半还要靠实践来证明。如果客观现实条件不具备，就需要我们能够先掌握安身立命、进退自如的规则，等待时机，用实践来证明自己的理论是否合适，这也正是立志存身的道理所在。

历史上的裴矩就是一个懂得明哲保身之道的人。史载，他的一生，侍奉过北齐、隋文帝、隋炀帝、宇文化及、窦建德、唐高祖、唐太宗，共三个王朝，七个主子，而且，他在每一个主子手下都很得意。现代研究认为，他之所以能长盛不衰，就在于他知道该如何既保全自己，又能讨得主子的欢心。

在他侍奉隋炀帝的时候，他看出这个主子是一个好大喜功的人，便想方设法挑动他拓展领土的野心。为此，他不辞辛苦，亲自深入西域各国，记录下当地的风俗习惯、山川状况和民族分布，编写了一本《西域图记》。裴矩将其献给隋帝后，隋炀帝对他大加封赏，每天都将他召到御座旁，详细询问

西域各国的情况，并给他加官晋爵，派他以黄门侍郎的身份赶赴西北地区，处理各国的事务。他也是不负众望，说服了十几个小国归顺了隋朝。

后来，隋炀帝要去西北巡视，裴矩不惜花费重金，说服了西域二十七个国家的酋长，穿着盛装，载歌载舞，拜谒于道旁；又令当地的男女百姓浓妆艳抹，纵情围观，队伍绵延数十里，可谓是盛况空前。隋炀帝看到这一派繁华景象，龙颜大悦，又将他升为银青光禄大夫。

裴矩一看这种办法果然可以使自己青云直上，更是变本加厉，想方设法讨隋炀帝的欢心。而他的这种做法却给国家和人民带来了巨大的灾难。人民不堪压迫，开始了轰轰烈烈的反隋运动。当义兵满布时，隋炀帝困守扬州，裴矩看出来他已经是日落西山，再也没有东山再起的机会了。

于是，他开始转舵了，将目标转向那些军官士卒。哪怕是地位再低的官吏，他也总是笑脸相迎，一副和蔼的嘴脸。他向隋炀帝建议："陛下来扬州已经两年了，士兵在这里孤独一人，也没个贴心人，这可不是个长久之计，请陛下允许士兵在这里娶妻成家，将扬州城的孤女寡妇、道观中的尼姑分配给士兵们。"

隋炀帝一听，大加赞赏，立即批准执行，士兵们更是欢欣鼓舞，对裴矩也感恩戴德。等到将士发动政变，绞杀隋炀帝时，原来的一些宠臣都被杀死，只有裴矩，士兵们都异口同声地说他是好人，使他免遭杀身之祸。

后来他几经波折，投降了唐朝，成为唐太宗的吏部尚书。他看到唐太宗是一代明君，喜欢谏臣，便摇身一变，也成了仗义执言、直言敢谏的忠臣。当时，唐太宗对官员的贪赃受贿行为十分担忧，决心加以禁绝，但是又苦于找不到证据。有一次，他故意派人给人送礼行贿，有一个掌管门禁的小官接受了一匹绢，唐太宗借机大怒，要将这个人杀掉。裴矩马上谏道："此人受贿，应当严惩。可是，陛下先以财物引诱，因此而处极刑，恐怕不符合以礼义道德教导人的原则。"

唐太宗接受了他的意见，并对群臣说："裴矩能够当众表达不同的意见，而不是表面上顺从而心存不满。如果每件事都能这样，还用担心天下不会变得大治吗？"

【解密《中庸》】

先不论裴矩此人是忠是奸，他能历经三朝而不倒，其成功之处就在于他能“见风使舵，明哲保身”，而他的每次转变都有其理论作指导，有法可循。他不仅有着丰富的支撑，而且能在现实中灵活运用，使自己长盛不衰。可见，理论与实践相结合，才是立志存身的大道。

立志要善，不将自己的成功建在他人的痛苦上

万物并育而不相害，道并行而不相悖。小德川流，大德敦化，此天地之所以为大也。（万物生长繁育而不相互妨害，各种大道并行而不产生悖乱。小的德行有如川流无声无息，大的德行有如敦化无形无象，这就是天地伟大的地方啊！）

——《中庸》第三十章

儒家思想认为，要想成为圣人，不仅需要有至高的德行，有渊博的学识，还要有坚守正道的志向，有施恩天下的博爱之心，时刻紧守中庸之道，凡事都能做到恰到好处、中正和谐。其实，我们立志也应如此，要想成就自己的人生，需要给自己定下一个明确的志向，这个志向在成就自己的同时，不能损害他人的利益，使他人感到痛苦，否则就有违中庸之道，有违天地间的运行规律。

换句话说，我们的志向要具备博爱、正直的基础，要成为他人效法的榜样，给他人一个指引的方向。所谓身正不怕影子歪，遵循正道而立场，不仅能使自己有信心朝着理想的方向迈进，而且还会带动他人一起顺应天意，最终成就自己。

清朝的雍正帝便是典型的代表，他在即位时便坚持认为，一个真正有志的人，只有为官清廉，才能主持公正，不伤害他人。他时常告诫官员："做官的当以廉明者为楷模，以贪污者为鉴戒，这才是做官的根本，因此，官员必须注重自己的品德，只有这样才能算是一名基本合格的官。"

只有为官清廉，才能遵循正道；只有立志为善，才能修养品德。虽然雍正帝要求官吏必须清廉，但同时也反对某些官吏借清廉之名而沽名钓誉。他曾说过："做官的取自己应该取的钱不能算是不廉，用自己应该用的钱和物

也不能算是滥用。所以，既不能剥削老百姓，也不能伪饰清廉而沽名钓誉。”

为了让自己的想法成功地贯彻下去，雍正帝以身作则，以实际行动号召群臣节俭清廉。在他从政的十三年中，雍正帝从没有去过承德避暑山庄，也没有到过江南做巡幸活动。就算他不得不去拜谒祖陵时，都不让臣子在沿途设立过多的设施，力求节俭，稍有花销，便认为是过于奢侈。

另外，雍正帝也不提倡官吏向朝廷进献什么宝物，他曾说过：“假如你们能够实行一项有利于老百姓的政策，岂不比献给我一件稀世珍宝更好？假如你们能给我推荐一位有用的人才，岂不是比献给我一个稀世珍宝更好？”

雍正在位期间，其一言一行，都给臣子作出了表率，他不但严于律己，而且还以自己为榜样，使群臣纷纷效法。他明确地指出：“世人都反对骄奢淫逸，都把勤俭当作美德，假如官吏们把奢侈当作时尚，那么又怎么能让老百姓们提倡节俭呢？”

雍正帝如此注重节俭，正是因为他清楚地看到了奢侈会给国家造成严重的危害，而清廉节俭则会使国家从上到下一派清明，使国家从中受益，而国家受益，就是自己受益。所以，雍正帝才不遗余力地提倡节俭，而他的言行和德行，正是一代明主所具备的优秀资质，不仅成就了自己，还恩泽千万人，可谓大善。

【解密《中庸》】

立场当立表率，立志当立榜样。立身处世，要树立一个对自己有益，同时也对他人有益的志向，凡事以身作则，不能以伤害他人来成就自己。要给他人做出一个榜样，努力修养自己的品德，处世中正和谐，这样才能赢得他人的信赖和尊敬，成就自己的人生。

自强是志向的一把保护伞

发强刚毅，足以有执也。（刚强坚毅，发愤图强，可以决断一切。）

——《中庸》第三十一章

聪明、宽容、刚强坚毅、齐庄中正、文理密察，这是中庸为天下君子所列出的五大标准。只有达到这五点，才会具备成为圣人的基础。儒家思想认为，君子以聪明宽容来容养天下，明理知文以行天下正道，心志刚强坚毅以决断事物。就是说君子奉行中庸之道，不仅要有“柔”，也要有“刚”。刚柔并济，才能中正和谐，遵循中庸之道。

人生立志也应如此，要刚毅坚强、发愤图强、永不停息，只有自强，才能最终完成自己的志向。

史载，晋代的祖逖少年时代便身怀远大的抱负。他幼时便博览群书，才华过人，而且他身负超群武艺，可谓文武全才。在他有限的几次进出京都洛阳时，凡是接触过他的人都说，祖逖是一位能辅佐帝王治理国家的人才。祖逖二十四岁时，担任了司州主薄，他有一个叫刘琨的同事，刘琨是汉朝宗室中山靖王刘胜的后代，也是一个心怀天下的有志青年。两个人因为意气相投，很快成了好友。他们经常谈论时事，针砭时弊，经常一聊就是大半夜，实在困了，便同床抵足而眠。

有一天，他们照旧谈论到深夜，两个人刚刚躺下，刘琨便鼾声如雷，而祖逖也睡意胧，将要入睡。但是他突然听到了鸡的叫声，想起了一个传说，传说三更以前鸣叫的鸡叫荒鸡，荒鸡叫便意味着要起兵灾了。祖逖猛然惊醒，用脚朝刘琨猛一蹬，叫醒刘琨说：“你听，这不是荒鸡的叫声吗？恐怕天下就要大乱了，我们还能安稳地睡觉吗？应该学习、掌握本领，为保卫国家做好

准备啊！”于是取过双剑，就在庭院中练习起来。刘琨醒来过后，也说道：“对！应该居安思危！”也去取了双剑，和祖逖对练起来。

不久，果然天下大乱，而祖逖和刘琨因为有了充分的准备，并为此发愤图强，最终成为了一代名将，为国家的安定做出了卓越的贡献。

这便是历史上著名的闻鸡起舞的故事，祖逖和刘琨最终能取得光辉的成就，在于他们不仅在年少时便立下了大志向，重要的是在向着志向前行的时候自强不息、发愤图强，没有因为其他原因而放弃，正是这种坚毅的精神，才最终成就了他们的大志向。

著名发明家诺贝尔努力寻找硝化甘油爆炸的引爆物，其间经历了许多次的失败，以至于他的父亲和哥哥都嘲笑他的固执。但是他并没有灰心，更没有放弃自己的志向，而是努力坚持，抓紧一切机会，耐心分析失败的原因。经过不断的试验和细致的分析，他终于发现了用少量的一般火药导致硝化甘油爆炸的方法。因此，他第一次获得了瑞典专利权。

一年秋天，他开始用雷酸汞引爆剂，失败了几百次，在成功的那一天，一声巨响，诺贝尔的实验室被送上了天，而他自己也被炸得鲜血淋淋，差点儿丢了性命。但他所付出的代价，换来的是又一项伟大的发明——雷管。

更可怕的事情发生在斯德哥尔摩的诺贝尔住宅附近的实验室。硝化甘油爆炸事故导致了从事实验的五位研究人员死于非命，幸好诺贝尔当时不在实验室，得以幸免于难。这次事故给他造成了极大打击，很长一段时间他的心志都陷入了消沉当中。另外，许多人都对他的研究进行了责难，连亲人也劝他放弃这个危险的实验。但他不甘心自己一生的志向就此半途而废，他以极大的毅力下定决心，要完成对硝化甘油在爆破工程上实际应用的研究，使炸药能更好地为人类造福。最终，经过不懈的努力，硝化甘油终于能得到实际的应用。

诺贝尔就这样，在艰难和迷茫中一点点完成自己的志向，他靠的就是刚强坚毅的精神，不气馁，不放弃。伏尔泰曾经说过：“要在这个世界上获得成功，就必须坚持到底。”而能够坚持到底的成功者，无不是自强、自立的具有坚毅精神的强者。

【解密《中庸》】

人生在世，要想取得成功，超常的天赋只是必备的基础之一，立下远大的志向也只是其中的一个因素，重要的要有坚强的毅力和绝不放弃的恒心。许多意志坚强、持之以恒而天赋平平的人，之所以能超过那些只有天赋而没有毅力的人，关键在于他们可以为志向而自强不息，有一种坚持到底的劲头。

第三章
能容人更要以诚待人

解读《中庸》中的做人原则

中庸做人的原则就在于“诚”和“容”。“诚”就是真诚。俗话说得好:“人敬我一尺，我敬人一丈。”我们可以换个方式去理解：你得不到的，永远是你不愿付出的。因此，只有愿意付出真心的人，才能换来他人真诚的相待。

“容”是包容，也是忍耐。“海纳百川，有容乃大”，学不会包容，就无法做到忍耐，而不能忍则是成功的大忌，它就是一颗不定时的炸弹，随时可能使你的成功灰飞烟灭。所以，学会包容和忍耐，你的成功才能多一分筹码。

做人的最高水准在于“诚”

自诚明，谓之性；自明诚，谓之教。诚则明矣，明则诚矣。（由内心自然产生的诚而明了事理，叫做天性；由明白道理而使内心真诚，这是教化，是由教而入的圣坚之学。内心真诚就会自然明白道理，明白道理后也就会自然做到真诚。）

——《中庸》第二十一章

在儒家思想中，“诚”被提高到了一个很高的地位，《中庸》认为“遵道而行”，要有“择善而固执之”的主观精神，这就是“诚”。诚作为一种概念，被认为有真诚、纯正、专一等含义。即使在现代，“诚”对我们也具有很重要的作用，在为人处世中，都应时常把真诚放在第一位，只有真诚，才能感动别人，成就自己。如果缺少了真诚，那么在处世中便会处处受阻，遭遇数不尽的挫折。只有把真诚放在心中，并融入自己的一言一行中，人生之路才会越走越宽，才能赢得成功。

胡雪岩便是个以诚立身的成功商人。

历史上，胡雪岩做生意一直紧守着一个信条：“凡贸易远的不得欺”，就是说在做生意时不能以欺诈为手段。传说他一手创办的胡庆余堂便是因为一个“诚”字，而在一怒之下创建的。有一次，胡雪岩的母亲生病，请来杭州名医来问诊，一番折腾后开了一个药方，胡雪岩立即命人去当时杭州最大的药店抓药，没想到药抓回来后，却发现其中有几味药已经发霉了。仆人返回药店同店主理论说：“你们卖的药怎么发霉了啊？这可是给我们老太太的，给换些好药吧！”

没想到对方非但不给换药，反而说道：“谁家没有老太太？本店只有这种药，你想要好药，自己去办药店去！”

仆人回来对胡雪岩一说，胡雪岩当时就火冒三丈，同时决定：“我就开一个药店给你看看！”之后，这才有了胡庆余堂的诞生。

当然，这可能只是一个传说，但是胡雪岩在经营药店时，一直非常重视药品的质量问题。在那个年代，假货泛滥，不仅商品掺假，甚至连广告也真伪难辨。有些药店挂着对其歌功颂德的牌匾，什么“济世为怀”等，题者大多都是名流，实际上这些都是药店老板自己或托人用钱买来的，是假的。

胡雪岩的胡庆余堂便大为不同，它所经营的药材有很多都是极为特殊的类别，它的质量直接关系到人命。药品的加工制作有着极为严格的要求，很多药材在刚买回来的时候，都含有对人体有害的毒素，必须经过特殊处理才能既保持药性又避免对人产生伤害。而且，在达到药用需求之后，还要对药材作取舍搭配，这又涉及到药的种类、用量等问题，半点儿都马虎不得。

胡雪岩在经营胡庆余堂时，在药店的大学里悬挂着两块大匾，一块朝向门口，上书“童叟无欺”，另一块朝向柜台，上书“修合无人见，存心有天知”。这是胡雪岩对店员的告诫，又何尝不是他自己对“诚”的遵循。他对药品质量的重视，可谓是不惜血本，他为此专设金锅、银铲等炼药器材，当客人前来买药时，如果对药材的真假有所怀疑，店员便会将药品的炼制过程给他演示一遍，以消除顾客的疑虑。因为当时中药的制造大多沿袭单方密制，外人看到的只是成品，而这种药品的真假、效用大小则是外人所看不出来的。因而有一些不法药商便以假乱真、以次充好，或减少药品的配量，以牟取暴利。

胡雪岩立下这两块牌匾，正是对店员的告诫，让他们做事要凭良心，不要因蝇头小利而做下傻事。同时也给外人展示了他创办胡庆余堂的经营宗旨，给顾客留下了真诚可信的印象。也正是凭着这一原则，经过多年发展以后，胡庆余堂的“余”字招牌成为货真价实、童叟无欺的代表，受到人们的爱戴。

同时，他在挑选店员时也秉承了“诚”的信条，要求店员一定要诚实，只有诚实的人才会有一颗慈悲的心，有慈悲的心才有治病救人的胸怀，才会时刻为病人着想，不忽视药品的质量。

正是一个“诚”字，为胡雪岩带来了至高的荣誉，带来的滚滚的财富，

使其成为当时名满天下的红顶商人，走出了一条成功的人生之路。

【解密《中庸》】

一个人立身处世，不管身份高低、家境好坏，真诚都是最重要的。只有心怀一颗真诚的心，才能以真诚的态度去感悟生活，真诚地对待生命中的每一个人。

真诚其实离你并不远

诚者，天之道；诚之者，人之道也。（诚，是上天的原则；努力做到诚，是做人的原则。）

——《中庸》第二十章

儒家思想一直把“诚”看得非常重要，认为圣人必“诚”。在《中庸》的思想核心中，“诚”也是其德行观的核心，《中庸》认为它是连接天人，使之合一的准则，人凭借“诚”来指导其道德思想和行为规范。而且，“诚”还是将天、地、人三者有效连接在一起的纽带，使人生处于一种中正和谐的格局中，是人通往圣贤道路上的指路明灯。

生活中，诚其实离我们并不远，为人处世、人情往来都能看到诚的影子，它使人在处世中保持一种和谐的状态，使人亲君子、远小人，拥有人性中的第一美德，从而被他人所敬重、信赖。

在美国，曾经发生过这样一个故事。华盛顿每年都会在全国举办拼字大赛，在第四届比赛中，来自南卡罗来纳州的冠军——十一岁的罗莎莉·艾略特一路过关斩将，最终进入了决赛。当她被问到如何拼“招认”（avowal）这个词时，她那轻柔的南方口音，使比赛评委们难以判断她说的第一个字母是A还是E。

小姑娘拼完后，评委们商议了几分钟，又将录音带倒带后重听，可惜仍然无法确定她的发音到底是A还是E。

想到解铃还须系铃人，经过一段时间的商议，最后，主评委约翰·洛伊德决定，将问题交给唯一知道答案的人，那就是参赛者本人——罗莎莉。他问小姑娘：“你的发音是A还是E？”

实际上，小姑娘早就从他人的议论中，知道这个字的正确拼法应该是

A，但她还是毫不犹豫地回答，她错了，她的发音是E。

这个答案令所有人都感到惊讶，主评委约翰·洛伊德和蔼地问罗莎莉：“你大概已经知道了正确的答案，完全可以获得冠军的荣誉，为什么还说出了错误的发音？”

她听完约翰的问题，天真地回答道：“因为我想做一个诚实的孩子。”

当她从台上走下来时，几乎所有在场的人都为她的真诚而热烈鼓掌。罗莎莉虽然没有赢得第四届全国拼字大赛的冠军，但是她的真诚却感染了所有的观众，赢得了所有观众的心。

幼小的罗莎莉用她的言行诠释了真诚离我们并不远，她就在我们身边，指导着我们的一言一行，并感染着身边的所有人，使他们为之敬佩，为之感动，为之赞叹。真诚就像一枚凝重的砝码，放上它，我们人生的天平便不会摇摆不定，生命的指针将坚定地指向一个方向，而方向的尽头，正是我们人生的意义所在。

早年，尼泊尔境内的喜马拉雅山南麓一直很少有人去旅游，但是，正是一位少年的真诚，使得外国人开始涉足这里。

原来，当年有几位来自日本的摄影爱好者到喜马拉雅山南麓采风，他们在休息时请当地的一位少年代买啤酒，少年接过这个活儿后，跑了三个多小时才把啤酒买来，这让几位日本摄影师很感动。

第二天，这位少年又自告奋勇地再替他们买啤酒，由于有了上次的良好表现，因此这次摄影师给了他很多钱，但是，让他们感到不安的是，直到第三天下午，这位少年还没有回来。摄影师们为此开始议论纷纷，一致认为这个少年把钱骗走了。为此，他们都感到很气愤。

让摄影师们意外的是，第三天夜里，那位被怀疑骗走他们钱的少年却敲开了他们的门。原来，他当时只买到了四瓶啤酒，之后，他又翻过了一座山，趟过一条河才买到另外六瓶酒，可是返回时却摔坏了三瓶。他哭着拿着玻璃碎片，向摄影师交回零钱，在场的人无不动容，都为这个孩子的真诚而感动不已。后来，正是因为这个孩子真诚的言行，使来这里的游客越来越多。

【解密《中庸》】

不欺骗，不隐瞒，以真诚的心来面对人生，面对身边所有人，这才是正确的，并能得到快乐的人生态度。生活中，如果能做到真诚待人、真诚做事，尔虞我诈自然会离我们远去，圆滑世故也不会妨碍我们的生活。多一份真诚的感情，多一点信任的目光，你会发现，无论在哪里，我们生活的世界都是一方乐土。

诚信是要用一生来坚持的

人皆曰“予知”。择乎中庸，而不能期月守也。(人人都会说“我很聪明”。认为自己可以奉行中庸之道，却连一个月都坚持不下去。)

——《中庸》第七章

《中庸》第七章说道:“人皆曰‘予知’。择乎中庸，而不能期月守也。”说的是人人都以为自己很聪明，但是在奉行中庸之道上却连一个月都坚持不下去。这不仅表明了奉行中庸之道并没有想象中的那么容易，更从侧面说明，大多数人能将中庸之道奉行一时，却极少有人能奉行一生。

其实中庸所讲究的“诚”也是如此，人诚一时容易，诚一世难。不是每个人都能一辈子做到诚信，人生难免因为一些事情而生出欺瞒之心，做出有失诚信的事情。要想奉行中庸之道，成为一个真正的君子，不仅要做到诚信，更重要的是将之坚持下去，把它作为一生为人处世的信条。

美国前总统林肯在年轻时曾担任过邮政局长。1830年，那时年仅二十一岁的林肯，为了维持全家的生计，从印第安州迁到了伊利诺斯州的纽萨拉姆小镇。刚到那里时，林肯在一些小店里干杂活，不久以后，由于他的表现非常良好，为人忠厚又老实，也讲究诚信，因此镇子上一些年长的人便一致推荐他在新开设的邮政局里当局长。

在那个年代，邮票还没有问世，当时的“邮局”设备极为简陋，连一张像样的办公桌都没有。林肯为了收藏钱和账本，只能用一双补过的破袜子当“保险箱”，他把账本和钱都放在破袜子里。

由此可见，当时这个邮政局的条件有多么落后，林肯名义上是邮政局长，实际上也只是一个有名无实的光杆司令。而且，由于当时邮局的“生意

欠佳”，所以这家邮局只开了两个多月便关门了。

林肯接到上级停办的通知后，把账目理得一清二楚，装进了破袜子，最后把它悬挂在屋角的房梁上，便于上级来接收这里，自己也能圆满交差。只是他没有想到，可能是这家单位太不起眼，上面竟然迟迟没有人来接收。这下可把林肯急得够呛，他左等右等，房梁上的钱袋都落满了厚厚的一层灰，也没有见到上面来人。

大约一年以后，有一次林肯在大街上突然碰到了上一级的邮政局长，连忙将其拉到邮局，把账目和钱款一一点清，交接清楚，这才如释重负。纽萨拉姆镇上的人把林肯如此尽职尽责的事迹传扬开去，林肯由此获得“诚实的邮政局长”这样光荣的荣誉。

林肯以他的实际行动，来诠释了诚信的深刻内涵，并将之作为一生的箴言而奉行始终。后来，在他参加总统竞选时，对选民讲话也非常讲究诚信。当时他没有钱，竞选时没有坐专车，而是按普通乘客的待遇买票坐车，每到一站，他的朋友们就为他准备好一辆耕田用的马车，他就站在马车上向选民们演说。

他曾这样说道：“有人写信问我有多少财产，我有一位妻子和一个儿子，他们都是无价之宝。此外我还租有一间办公室，室内有桌子一张，椅子三把，墙角还有一个大书架。架子上的书值得每个人都读一读。我本人又穷又瘦，脸蛋很长，不会发福。我实在没有什么可以依靠，唯一可以依靠的就是你们！”

这番话给人们留下了深刻的印象，他的一言一行广泛流传，最终人们亲切地称他为“诚实的林肯”。历史研究认为，他之所以能成为总统，并在美国人民心目中排在历届总统之首，甚至超过开国总统华盛顿，其主要原因就在于他奉行一生的诚信。

【解密《中庸》】

人在立身处世时，对人对己都要讲点诚信，诚信是美德，是财富，它会使人一生受用不尽。当然，诚信不是一句口号，要想成为一个讲究诚信的君子，需要从身边的点点滴滴做起，并为之坚持一生，奉行不悖。

己所不欲，勿施于人

忠恕违道不远，施诸己而不愿，亦勿施于人。（“忠恕”是从自己出发理解和对待别人的一种人道，离中庸之道不远了。不愿意被施加到自己身上的事，也不要施加给别人。）

——《中庸》第十三章

儒家仁学的“一以贯之”的践行之道即是“忠恕”。“忠”与“恕”实为一道，二者相互补充、相互包含，其中“恕”为基本。关于“忠恕”之道，《论证·卫灵公篇》上记载，子贡问孔子：“有没有一个字可以终身奉行的呢？”孔子回答说：“那就是恕吧！自己不愿意做的事情，不要强加给别人。”

孔子一直把“忠恕之道”看作是处理人际关系的一条准则，也因此给我们留下了“己所不欲，勿施于人”这句流传万世的经典名言。孔子认为，“恕”或“己所不欲，勿施于人”是可以奉行一生的准则，又说“赐也，非尔所及也。”就是说要做到这一点并不容易，因此孔子与子贡的对话表明“恕”的重要。有了“恕”，才能做到“己所不欲，勿施于人”，则“己欲立，而立人，己欲达，而达人”，就是说立己达己是“忠”，是讲人要心存忠厚，把自己固有的仁心发动起来；而立人达人是“恕”，是要人将心比心，推己及人，就是推广自己的仁心仁德于人。若无“恕”，则无“忠”，离中庸之道也会越来越远。

总体来说，忠恕之道就是人们常说的将心比心，推己及人。自己不愿意别人怎样对待自己，就不要那样对待别人，要学会设身处地为别人想一想，大体就是这样的意思。奉行“己所不欲，勿施于人”的处世准则，不仅可以处理好人与人之间的关系，由此还能引申出安定社会秩序，“齐家、治国、

平天下”的儒家文化的精华。

有一则寓言：从前，有个财主喜欢刁难别人。有一天，他拿出一个空瓶子，要求一个穷人家的孩子去帮他买酒。瓶子给了，却没给孩子钱，小孩就问：“没钱怎么买酒呢？”

财主得意地说：“花钱买酒谁不会，没钱买酒才算是本事！”

过了不长时间，小孩回来了，他把酒瓶递给财主说：“酒买回来了，请喝吧！”

财主一看，手里的酒瓶子竟然什么都没有，就是一个空瓶子。他问小孩：“一滴酒都没有，你叫我喝什么酒？”

小孩不紧不慢地说：“有酒谁不会喝，没酒喝出酒来才算是本事！”

本来想刁难小孩的财主，到最后“搬起石头砸了自己的脚”，其实这正是“己所欲，强施于人”的后果。在为人处世中，要想不吃亏，就要平等待人，让别人也不吃亏。人与人之间的交往就应该坚持这种原则，这是尊重他人、平等待人的重要内容。

美国总统富兰克林·罗斯福，一直被看作是美国历史上最伟大的总统之一，是20世纪美国民众最爱戴的总统。罗斯福在没成为美国总统前，曾任海军助理部长，有一天，一位好友来访。两个人在聊天中谈到了海军在加勒比海某岛建立基地的事。

“我只要你告诉我，我所听到的关于基地的传闻是否确有其事？”这个朋友很认真地问了这个问题。而他问的问题在当时是不便公开的，但既然好朋友来问，罗斯福又不好拒绝。

罗斯福想了想，又四周看了看，然后压低声音对朋友说道：“你能对这件事情保密吗？”

“当然能！”朋友急切地回答道。

“那么，”罗斯福微笑着说，“我也能。”

在这里，罗斯福正是运用了“己所不欲，勿施于人”的道理，婉转地拒绝了朋友的探寻，而且还没有伤害到彼此的关系，为人处世做到这一点，可以说是非常成功了。

“己所不欲，勿施于人”，人应当以对待自身的行为为参照物来对待他

人，这是儒家思想的精华，也是处理人际关系时的重要准则。人生在世，应该有一个宽广的胸怀，不要心胸狭窄，要学会宽恕待人。这是尊重他人、平等待人的体现。倘若自己不想做的，硬推给他人，不仅会破坏与他人的关系，也会将事情弄得不可收拾，对人对己都没有什么好处。

【解密《中庸》】

“己所不欲，勿施于人”是人际交往的一条重要准则，也给了人一个选择的空间。自己不愿意承受的事情，不要强加在别人身上。凡事换位思考，多替别人想一想。

严于律己，宽以待人

己而不求于人则无怨。（能够端正自己而又不苛求别人，这样就不会有什么抱怨之心了。）

——《中庸》第十四章

《中庸》第十四章道："正己而不求于人，则无怨。"按现代思维来理解，便是端正自己而不苛求别人，就不会有抱怨之声。而这，正是严于律己、宽以待人的内涵所在。为人处世，对别人的过错应该采取宽恕的态度，而如果错在自己就必须严办；对自己遇到的困境和屈辱要尽量忍耐，如果发生在别人身上就不能袖手旁观、不管不顾。

为什么待人要宽？是为了给人一个自新的机会。为什么律己要严？是因为避免自我放松而犯下错误。这是为人处世最重要的原则。一个具备这种高贵品格的人，他的成功将是水到渠成的。

历史上，明朝开国大将军徐达便是一位严于律己、宽以待人的人。徐达少年时与朱元璋一起放牛，长大后一起打仗。最终助朱元璋开创大明帝国。这样一位战功赫赫，有开国功勋的人，却从不居功自傲，而且律己甚严。

徐达在军中处处能与士兵同甘共苦。在平时，遇到军粮不够，他会主动少饮少食，把口粮节省下来分给士兵；每当战时，大军还没扎好营寨的时候，他也从不提前进帐休息，一定会等到军营安排妥当后，他才放下心来；士兵每有伤残致病者，他总亲自慰问，端药治疗；遇上士兵战死，他筹集棺木厚葬士兵。他的言行使明军将士深受感染，对他无不感激。

在生活上，徐达也没有什么不良嗜好。朱元璋曾赐给他一块土地，该地正好处于农民的水路必经之地。徐达家仆看到这个好处，便用这块地牟取私

利，向农民征收“过路费”。徐达知道后，马上将此地上缴官府。史载徐达说道：“妇女无所爱，财宝无所取，中正无所疵，昭明乎日月。”

正是这种严于律己、宽以待人的作风，使得在朱元璋建国后大肆诛杀功臣在内的十多万人中，仅徐达一人善始善终。他死后，朱元璋悲恸不已，追封他为中山王，并将他的画像陈列于功臣庙第一位，称为“大明第一功臣”。

徐达能善始善终，不得不说，跟他严于律己、宽以待人的处世之道有密切的关系。在现实生活中，很多人往往会不自觉地把这句话颠倒为“严于待人，宽以律己”。对自己的要求很宽松，即使做了坏事也感觉没什么大不了，而对别人却要求极严，犯一点错误就看在眼里，记在心上。用圣人的标准要求别人，却用常人的标准对待自己。这样的人，立身处世是交不到朋友的，而且在生活中也很难与别人和谐共存，因为他不懂什么叫“恕人”，只知道苛求别人，而宽容自己，这是一种严重的自私自利的体现。

成都彩虹电器集团董事长兼总经理刘荣富是严于律己、宽以待人的代表。他所领导的彩虹集团是省内利税大户，每年政府都要给予领导人不菲的奖金，刘荣富作为最高领导者，其奖金更是丰厚。

1993 年，公司第一次为职工建了 54 套房，刘荣富当时一家三代都住在只有 10 多平方米的破旧平房里，而他和妻子则住在自己搭建的阁楼里。他母亲最大的愿望就是能在有生之年住上带厕所的房子。就是在这样的情况下，他没有住这 54 套房子中的一套，而是把机会让给了别的员工。他对母亲说：“下次保证让你住上好房子。”可惜，不久之后，他的父母便相继去世，他们直到死也没有住上一天新房。

2002 年，一位刚进公司不久的新员工的女儿患上了白血病，刘荣富和职工们及时捐款，帮助这位员工渡过了难关。刘荣富不是第一次做这样的事，实际上，每一位员工生病住院，刘荣富都要前去看望，久而久之，员工们便亲切地称他为“刘师兄”。正是他的为人处世，使身边的人受到感染，促使彩虹集团的员工生产积极性非常高，彩虹牌电热毯、蚊香片等小家电也因此而畅销全国，多年保持全国销量第一。

【解密《中庸》】

如果我们对自己严格要求，凡事身体力行，那么这个世界上就没有我们过不去的坎、渡不过的难关！另外，看到别人陷入困境中，而自己可以帮助的时候，我们应该敢于伸出双手，拉人一把。要想到，今天我们能给别人帮助，明天当我们落难时，别人也会以同样的真情回报我们。

连父母都不孝顺，如何善待他人

事死如事生，事亡如事存，孝之至也。(侍奉死去的祖先就像他还活着一样，侍奉亡故者就如同生前一样，这是孝的至高境界。)

——《中庸》第十九章

中国有句古话，叫做“百善孝为先。”从中可以看出，古人对孝道是非常看重的，这从他们在祭祀天地和祖先都有非常完备的礼仪就可以看出来。古人往往怀着一种敬畏的态度来对待天地神明和祖先的牌位，这就是一种“孝”的体现。

即便是现代，“孝”也是衡量一个人的德行的重要标准之一。一个孝顺父母的人，必定会得到他人的敬重，赢得他人的好感。如果一个人连自己的父母都不孝顺，又怎么能在人生之路上走得一帆风顺呢?《中庸》认为，一个有德行的君子，必须具备“孝”的品德，在家孝顺父母，在外孝顺君王、孝顺师长，正所谓百善孝为先，做到了孝，才能拥有良好的品德，以其处世，才会在与他人的交往中做到中正和谐、宽容大度，才算是具备了成为君子的基础。

历史上的著名人物曾国藩便是一个把“孝”看得特别重的人。史载，曾国藩对父母、祖父母特别孝顺，凡是父母、祖父母的一言一行，无不谨守毋违，并把它记录下来，传为家训。而他的孝，也算是“家庭遗传。”

曾国藩的祖父曾星冈年老时患上了痿病，行动不便，也说不出话。他的儿子曾竹亭日夜侍奉他。父亲要什么东西，往往一个眼神，曾竹亭便知道是怎么回事，曾星冈不舒服时，只要皱皱眉，曾竹亭便会细心照料。往往父亲正在想时，他便做到了。

星冈公每天晚上睡觉时都会起夜六七次，他又是一个很要自尊的人，因

此不愿意让下人侍候，这时曾竹亭便衣不解带地侍奉在一旁。当星冈公要起来时，他赶快把便桶放好，然后去外面等一会儿再回来，从不让父亲难堪。只要发现父亲身上脏了一点，他便马上给清洗。星冈公病了三年，曾竹亭没睡过一夜安稳觉，其孝道为当时人所称颂。

有父如此，为人子的曾国藩自然也恪守孝道。他长年在外，在家时间很短，没有机会一尽孝道，但是他从来不忘孝敬双亲。有一次，曾国藩从弟弟的信中得知父亲因劳累过度病倒了，马上写信给父亲，诚恳地表示了自己作为长子却不能为父亲分担的愧疚之情，同时又给弟弟写信，让弟弟一定要照料好父母，一番孝心溢于言表。有一次，他听说母亲想买一个丫鬟，便马上写信表示支持，并从自己不多的俸禄中挤出五十两银子寄给了母亲。他要做什么事时，也总要与父母商量，有时父母不同意或想不开时，他会耐心地做父母的思想工作，如果父母实在不答应，那么他便听从父母的话，不去做。

正因为他对父母如此孝顺，他才会在当时赢得孝子的美誉，即便他的对头也不能否认这一点。因此在当时的官场，很少有人拿不孝来攻击曾国藩，这也从侧面成就了曾国藩在朝中屹立不倒的奇迹。

【解密《中庸》】

百善孝为先，一个人立身处世，首先要孝顺父母。因为是父母使你来到这个世界上，是父母养育了你，教你为人处世的道理，是父母为你撑起了一片幸福的港湾。如果没有父母，你又怎么能在这个世界上健康成长呢？如果不懂得孝顺父母，又怎么会用同样的心态来面对人生中的各种人和事呢？更别说与人相处，能做到中正和谐了！

对自己不诚实就无法取信于人

在下位不获乎上，民不可得而治矣。获乎上有道，不信乎朋友，不获乎上矣；信乎朋友有道，不顺乎亲，不信乎朋友矣；顺乎亲有道，反诸身不诚，不顺乎亲矣；诚身有道，不明乎善，不诚乎身矣。（在下位的不能够得到上位的信任，那么管理百姓的事就肯定做不好；要想得到上级的信任是有一定的方法的，不能够得到朋友的信任，就得不到上级的信任；要想得到朋友的信任是有方法的，得不到自己的亲人的喜欢，就不能得到朋友的信任；得到亲人的喜欢是有办法的，反求自己不能真诚不自欺，就不能得到亲人的喜欢；做到真诚不自欺是有方法的，不明了什么是至善，就不能对自己真诚无欺。）

——《中庸》第二十章

孔子说："言必信，行必果。"他认为，诚实待人，不说假话，不欺骗别人，是做人的基本原则。他将"仁"作为最高品德之后，又将"信"融入进"仁"，并成为主要内容之一。儒家思想教育人们，做人要"主忠信"，要把"忠"和"信"当作品德的基础。这样才可以"信则人任焉。"就是说，如果自己讲究信义，就能得到他人的信任，使自己被作用。

《中庸》认为，如果下属得不到领导的信用，就不能做好工作。要想取得上级的信任，《中庸》给出的方法就是一个字："诚"，只有诚，才能得到父母亲朋的信任，父母亲朋的信任是上级能否信任你的参照标准。而要想得到父母的信任，最根本的方法就是使自己真诚、可信。于是，一切问题都会迎刃而解。

英国有一位有钱的绅士，一天深夜，他走在回家的路上，被一个衣衫褴

褛的小男孩拦住。小男孩对绅士说："先生，请您买一包火柴吧！"

"我不买。"绅士摇摇头说，然后便躲开男孩儿继续向前走。

小男孩没有放弃，追上这位绅士说道："先生，请您买一包吧，我今天还什么东西也没有吃呢！"

绅士看到小男孩期盼的目光，便说："可是我现在并没有零钱。"

"先生，你先拿上火柴，我去给你换零钱。"小男孩高兴地拿着绅士给的一个英镑快步跑走了。过了好久，小男孩也没有回来，绅士发觉自己可能被小男孩骗了，他摇摇头，对小男孩骗去自己一个英镑感到很无奈，幸好没有骗去很多钱。

第二天，绅士正在办公，下人向他报告说有个男孩儿找他。绅士好奇地把男孩叫了进来，发现这个男孩儿和昨天那个骗去自己一英镑的男孩儿长得有一些相象，只不过比那个男孩矮了一些，穿得更破烂。

"先生，对不起了，我的哥哥让我给您把零钱送来了。"小男孩礼貌地对绅士说道。

绅士一听便明白了自己误会了昨天那个男孩，他好奇地问道："你的哥哥呢？"

"我的哥哥昨天在换完零钱回来找你的路上被撞伤了，现在正在家躺着呢！"小男孩回答道。

原来如此，绅士深深地被小男孩儿的诚信所感动，于是便要去看看那个男孩。当他到男孩家中时，看到只有继母一人在照顾他。等他了解到两个男孩儿的亲生父母都双亡时，毅然决定从今往后，要把他们生活所需要的一切都承担起来。

正是男孩的诚信，赢得了绅士的信任，并使自己一家的生活得到了改变。为人处世，就应该像这位男孩一样，一定要做到诚信，做到《中庸》所说的中正和谐。这不仅是做人的道理，同时也是改变人生、改变世界的良方。

泰国有这样一件事，一位来自美国的旅客在路边的小摊上发现了一种纪念品，他很喜欢，于是便选了几件，问摊主多少钱。摊主说每件 100 铢，美国旅客还价到 80，可是摊主却不同意，他说："我每卖出 100 铢，才能从老

板那里赚到10铢。如果只卖80铢，那么我就一点都赚不到了。”

旅客想了一会儿，对摊主说：“要不这样吧，你卖给我60铢一个，我再额外加你20铢，这样比你老板给你的还要多，而我也能少花钱，咱们都得到了好处，这样行吗？”

美国人以为这位小摊主会马上答应，没想到摊主竟然摇头拒绝了，美国人不死心，劝他说：“别担心，你的老板肯定不会知道的。”

摊主听了这句话，看着这位旅客，再次摇头，说道：“佛会知道的。”

泰国是一个信奉佛教的国家，所以国民大多都认为佛是万能的，这才有了上面摊主说出的拒绝的话。无论是他怕佛知道，还是怕老板知道，在美国人的诱惑面前，摊主做到了不为所动，没有因为老板的不知情而把纪念品卖给他，而是诚实地面对了自己的内心，并坚守如一。他所秉承的精神正是《中庸》所提倡的“诚”，耿直光明，诚信无欺，不做对不起自己，也对不起别人的事，这才是真正的君子所为。

【解密《中庸》】

人生在世，无论是做人还是做事，都要把握一定的分寸，什么事能做到，什么事不能做到，都要清楚地认识到，做到心中有数。别对他人轻易承诺什么，你能做到的还好，如果不能做到，那就是失信于人，而一旦被人认为你是个不讲信用的人，就会给自己的人生留下隐患，可谓是得不偿失。所以，为人处世，要做到“君子一言，驷马难追”，要谨守诚信，这样才会成为一个君子，受到他人的敬重，最终使自己的人生得益。

坦荡做人，方能尽显本色

唯天下至诚，为能尽其性；能尽其性，则能尽人之性；能尽人之性，则能尽物之性；能尽物之性，则可以赞天地之化育；可以赞天地之化育，则可以与天地参矣。（唯有天下至诚的人，才能发挥自己的天性；能发挥自己的天性，就能发挥人的本性；能发挥人的本性，就能发挥物的本性；能发挥物的本性，就能帮助天地孕育万物；能帮天地孕育万物，也就可以和天地同辉了。）

——《中庸》第二十二章

儒家思想认为，人心向善。良心是一个人的做人底线，丢什么也不能丢了良心。人要对得起自己的良心，就要做到“诚”。《中庸》说：“唯天下至诚，为能尽其性；能尽其性，则能尽人之性。”为人以诚，有一大特色，孟子总结为：“仰不愧于天，俯不怍于地。”意思就是说为人处世，不能愧对于天地，愧对自己的良心，做人一定要光明磊落，诚实守心。也就是要做到“君子坦荡荡”，这才能尽显英雄本色。

《中庸》认为，君子坦荡做人，胸中要有“浩然之气”，要“富贵不能淫，贫贱不能移，威武不能屈”，坦荡做人，就是诚信做人。为人处世，要注重个人的品德修养，凡事讲诚，讲良心，无论是对自己还是对别人，都要做到问心无愧。

我国古代大文豪苏轼苏东坡，一生屡遭贬谪，颠沛流离，却始终保持着对生活的热情，保持着一腔正直之心，和一身坦荡的胸怀。当时，他被谪黄州时已经是四十五岁，而五年后，到了五十岁的时候才奉诏离任。在黄州期间，他任团练副使，这是一个无足轻重的小官，把他安排到这个位置是御史李定等人故意为之，就是想要迫害他。但他却毫不在意，反而产生一种“笼

鸟返故林”之感。

黄州地处僻远，生存条件与中原繁华之地相比，简直是一个天上，一个地下。但苏东坡却并不这么认为，他看到的是淳朴的民风和远离红尘喧嚣的优美自然。在这里，苏东坡写下了大量的词作，流芳百世的《前赤壁赋》、《后赤壁赋》便是作于此时。

中国有句俗话，叫做“心底无私天地宽”。从古至今，真正的君子，之所以能够品行端正、修养崇高，就是因为他们拥有一个坦荡的胸怀，能够坦坦荡荡做人，自然会有一份坦荡的人生。

西晋时的石苞，便是借一副坦荡的胸怀，化解了人生中的一次大危机。

当时，他被晋武帝派往淮南镇守，他工作努力，处理事务井井有条，同时经过整顿，他麾下的部队兵强马壮，在当地拥有很高的威望。那时，占据长江以南的吴国还依然存在，吴国一直想进攻西晋，因此，对石苞来说，他实际上担负着守卫边疆的重任。

有个在淮河以南担任监军的官员叫王琛，他一直瞧不起出身贫寒的石苞，总想把他“弄下来。”有一次，他听到一首歌谣唱道：“皇宫的大马将变成驴，被大石头压得不能出。”而恰巧晋武帝姓司马，而石苞又姓石，所以，王琛便借此生事，秘密向晋武帝报告说：“石苞与吴国暗中勾结，想危害朝廷。”刚好在这之前，有一位风水先生也对武帝说：“东南方将有天兵造反。”于是，晋武帝开始怀疑起石苞来。

正在这时，石苞收到了吴国军队要进犯晋国的消息，便开始指挥士兵修筑工事，封锁水路，准备防御敌人的进攻。晋武帝听说此事后，更加怀疑他。

凑巧的是，石苞的儿子石乔此时正担任尚书郎，武帝便要召见他，可是一天以后，石乔也没有来面圣，这更加深了武帝的怀疑，于是，武帝便率兵准备讨伐石苞。

王琛的诬告、武帝的怀疑，这些石苞一点都不知道，当武帝兵临城下时，他还莫名其妙不知道怎么回事。但他想“自己一直对朝廷忠心耿耿，坦荡无私，怎么会出现这种情况呢？这其中一定有什么误会。”于是，他放下身上的武器，步行走出城门，来到武帝座前等候处理。

武帝看到石苞的行动后，顿时醒悟过来，如果石苞真要造反的话，怎么能就这么不带一兵一刀地出来呢？何况自己对他的怀疑有什么真凭实据？想到这里，晋武帝的怀疑一下子就打消了。后来，石苞回到朝廷，受到晋武帝的嘉奖。

【解密《中庸》】

俗话说："宰相肚里能撑船。"不仅是宰相，就是我们普通人也应有一副坦荡的胸怀，胸怀坦荡，才会有平静的心境，才能修养性情，不会因点滴的小事而烦恼，不会因失去本应属于自己的东西而耿耿于怀，使自己成就君子般的人生。

诚是一种品质，更是一种信仰

诚者，自成也；而道，自道也。诚者，物之终始，不诚无物。是故君子诚之为贵。（“诚”就是万物自然而成，而道是自然而成的道。“诚”贯穿于万事万物的始终，没有“诚”也就没有万物。所以君子知道诚的可贵。）

——《中庸》第二十五章

《中庸》把“诚”提到了一个很高的高度，认为人要做到“诚”，必要“好学近乎智，力行近乎仁”，把智、仁与真诚的修养结合起来。儒家思想认为真诚大到可以看作是万事万物发展的规律，贯穿事物发展的始终，小到可以使人的内心实现自我完善，修养君子之道。因此，《中庸》把“诚”看作是实现君子之道的重要内容之一，无论是谁，要想成为君子，那么首先就要做到“诚”，可以说，“诚”不仅是一种个人品质，更是一种信仰。

元朝初年的名臣廉希宪，便是一个首屈一指的以忠诚、清廉传世的历史杰出人物。史载，廉希宪从小就很喜欢读儒家的经书和史书，经过数年的刻苦攻读，青年时代便成为一位远近闻近的博学者。而忽必烈正好在招贤纳士，听人说廉希宪的常识渊博，便请他入府，对他很是器重。

进入忽必烈帐下后，廉希宪依然苦读经书。一次，他正在看《孟子》，忽必烈忽然来叫他，他揣着书就去了。忽必烈见他拿着《孟子》，便跟他探讨起来。廉希宪将《孟子》中的人性本善、仁义爱国等思想讲给忽必烈听，对方听后大为高兴，对他赞不绝口：“真是一位廉孟子啊！”从此，廉希宪便以“廉孟子”著称，成为当时的名人。

中统元年，忽必烈继承蒙古汗位，廉希宪也因此担任京兆道宣抚使，两年后，位至中书省平章事，成为宰相之一。廉希宪为官清廉，为人也忠诚可

信。志元七年，廉希宪因为释放被诬陷入狱的尼赞马丁，惹恼了忽必烈，因此而被罢官。但不久之后，忽必烈就后悔了，他问下人廉希宪在干什么，下人说他在闭门读书。忽必烈听了，叹息道：“读书确实是朕曾经提倡的，但是读书不用，还不如不读。”一向忌恨廉希宪的阿合玛趁机说：“他哪里是在读书，不过是在整天吃喝玩乐罢了！”

忽必烈听后大怒，怒斥阿合玛道：“胡说！廉希宪清贫廉洁，人尽皆知，他拿什么吃喝！”不久，忽必烈就重新起用廉希宪。

后来，廉希宪南下，担任长江重镇江陵的行省长官，到达江陵后他立即下令禁止抢劫百姓，兴利除弊，同时安抚商人照常营业，使军民和谐相处，官吏各司其职。同时登记原来的南宁官员量才授予官职，从没有一点猜疑之心。

在稳定完地方秩序后，廉希宪开始大力兴办学校，并亲自讲课，教导学生学以报国。这项措施很快使当地重新焕发了生机，远在西南地区的少数民族酋长和西南地区的宋将都闻风来降。忽必烈得知廉希宪的作为后，感慨地对侍臣说：“先朝用兵不能得地，现在廉希宪不用一兵却让几千里外的人奉送土地，‘廉孟子’果然名不虚传啊！”

廉希宪虽然官至宰相，始终保持着忠正的作风，除了自己的俸禄之外，从来没有贪私之物。无论走到哪里，都随身携带着一张琴和几箱书，除此而外，没有任何私产，更不用说钱财等身外之物了。

1277年，当廉希宪被召回京时，江陵百姓拦路哭送，后来又为他建了一所祠堂以纪念他。回到京城后，他的随身之物，还是一张琴、几箱书。两年后，廉希宪病重，皇太子派人探望他时，他请求太子劝皇上早日除掉阿合玛一伙，以免后患无穷。两年后，阿合玛被义士王著杀死，罪行暴露，忽必烈尽诛其党羽，罢撤扰民衙门一百七十一所，为国除了一大祸害。

在廉希宪临终时，仍不忘叮嘱儿子要谨守忠诚清廉之道，他的六个儿子都时刻遵守父亲的遗训，为将为相都能做到忠诚清廉，为当时人所称颂。

【解密《中庸》】

人生在世，心中总要有所追求，这样才能不枉来一世。如果能把“诚”当作奉行一生的准则，虽然未必能富贵一世，但却能使自己立身处世有所依靠，令他人有所信赖。将“诚”当作一种品质，会使生活的质量提升一个档次，生命才变得有意义。

包容他人是一种大智慧

博厚，所以载物也；高明，所以覆物也；悠久，所以成物也。（广博深厚就可以承载万物；高大光明就可以覆盖万物；悠远无穷就可以生成万物。）

——《中庸》第二十六章

俗话说："宰相肚里能撑船。"中庸处世的一个核心思想就是要人们在立身处世时豁达大度，有一颗包容他人的心，能做到拿得起、放得下，这才是有德行的君子所为。

孔子把人分为"君子"和"小人"两类，君子为人坦荡，小人为人睚眦。君子为人豁达大度，处世真诚；小人为人则私欲缠身，只想占便宜，吃不得一点亏。我们为人处世，要奉行君子之道，而远离小人之道。而奉行君子之道有时候很简单，只需要在与人交往中能够有容人的雅量，可以包容他人，就会使自己赢得他的感激和赞誉，这不失为为人处世的一种智慧。

东汉时期，班超出使西域，联系了很多国家与汉朝和好，但是，其中的龟兹国凭借自己的强大国力而拒绝和好。班超便去结交乌孙国。而乌孙国王也派使者来长安访问。在使者告别皇帝，返回乌孙国时，汉帝派卫侯李邑携带大量礼品同行护送。

李邑一行经天山南麓来到于阗，忽然听到龟兹攻打疏勒的消息，李邑害怕，不敢再往前进。于是上书朝廷，中伤班超只顾在外面享福，拥妻抱子，不思中原，还说班超联络乌孙国牵制龟兹国的计划根本就行不通。

班超得到这个消息后，叹息说："我不是曾参，被人家说了坏话，恐怕难免让皇帝怀疑。"于是他便上书朝廷，说明了情况。汉章帝接到两人的奏折后，依然相信班超的忠诚，于是便下诏责备李邑说："即使班超真的拥妻

抱子，不思中原，难道跟随他的一千多名随从士兵也都不思中原，不想回家吗？”诏书命令李邑与班超会合，并令班超收容李邑，与他共事。

李邑接到这份诏书后，只能无可奈何地去疏勒见了班超。

而班超则不计前嫌，不仅容忍了李邑的这次中伤，反而友好地接待了他，同时改派得力的助手护送乌孙国的使者回国，还劝乌孙国王派王子去洛阳朝见汉帝。乌孙国王同意了班超的建议，当乌孙国的王子准备启程时，班超决定让李邑陪同前往。

班超的亲随并不理解班超的行为，便劝他说：“过去李邑诽谤将军，捣毁将军的名誉，这时正可奉诏把他留下，改派其他人执行护送任务，您怎么又把他放回去呢？”

班超是这样回答的：“如果把李邑扣留，那就太没有将军的风度了，正因为他曾说过我的坏话，所以我才让他回去。我认为，只要一心为朝廷效力，就不怕别人说坏话。如果只为了自己的一时痛快而公报私仇，把他给扣下，那就不是忠臣的行为了。”

李邑听到班超的理由后，深为班超的气度所折服，他回到长安以后，再也不诽谤别人了。

【解密《中庸》】

立身处世，凡事不必与人斤斤计较，把自己弄得心胸狭窄，除了招致他人的不满和憎恶以外，得不到任何好处。有时候不妨让自己豁达一些，多一些容人之量，学会包容他人，善待他人，不仅能得到他人的真心赞誉和信赖，同时自己也会从中得到快乐。正如法国大作家雨果说的那样：“世界上最宽阔的是海洋，比海洋宽阔的是天空，比天空宽阔的是人的胸怀。”

和善待人，让他人感受到你的包容

宽裕温柔，足以有容也。（宽宏大量、温和柔顺足以包容一切。）

——《中庸》第三十一章

大千世界，芸芸众生，什么样的人都有。我们立身处世，不能过于自命清高，过分地挑剔别人，责难别人，而应该学会“清浊并包，善恶兼容”，学会和善待人，让他人感受到你的包容，这样既可以修养品德，又能结交到各种朋友，并赢得他人的敬重，以利于自己的人生发展。

《中庸》十分注重人与人之间的交往，在对中庸之道的诠释中，唯有和善待人，才能算是奉行君子之道、中庸之道。和善待人，就如同古语说的那样：“不责人小过，不发人隐私，不念人旧恶。三者可以养德，亦可以远害。”做到这三点，也算是对人和善的一方面，不仅能够培养品德，也可以远离祸害。同时，古语又说：“持身不可太皎洁，一切污辱垢秽要纳得；与人不可太分明，一切善恶贤愚要容得。”有了这样一种包容大度的心态，人才能在立身处世中有一份豁达的胸怀，具备了谦谦君子之风。

你可能听说过这个故事：有一个脾气很坏的男孩，父亲给了他一袋钉子，并告诉他，每当他发脾气的时候，就钉一个钉子在后院的围栏上。

第一天，男孩钉下了 37 根钉子，随着时间的推移，男孩往围栏上钉的钉子越来越少，同时，他发现自己发脾气的次数也越来越少，他觉得控制自己的脾气要比钉下那些钉子容易。

慢慢地，一段时间过后，这个男孩再也不像以前那样，对什么事情都没有耐性，还总乱发脾气。于是他告诉了父亲这件事情。父亲听后又说，从现在开始，每当他能控制自己脾气的时候，就拔出一根钉子。男孩按照父亲的

做法去做，一天天过去了，最后男孩告诉他的父亲，他终于把所有钉子都给拔出来了。

父亲笑了，他握住儿子的手，来到后院，指着围栏上的洞说道：“你做得很好，我的好孩子，但是你再看看那些围栏上的洞。这些围栏将永远不能回到从前的样子。你生气时的所作所为，过后就像这些钉子一样留下了疤痕。再举个例子，如果你拿把刀捅了别人一刀，那么不管你说了多少次对不起，那个人的身上将永远存在这样一个伤口。有时候，话语的伤痛就像真实的伤痛一样令人无法承受。”

这个故事说的虽然是生活中的一点小事，但从中却可以看出，人与人的交往，往往会因为一些原因而给彼此造成伤害。如果我们都能从自己做起，善待他人，宽容待人，他人自然会给予你友善的回应，而这正是《中庸》所提倡的中正和谐之道。

相信每个人都知道“负荆请罪”的故事，蔺相如因为“完璧归赵”有功而被封为上卿，位在大将军廉颇之上。廉颇当时非常不服气，扬言要当面羞辱蔺相如。蔺相如在知道这个消息后，便开始尽量回避、容让，不与廉颇发生冲突。蔺相如的门客们以为他害怕廉颇，然而蔺相如却说：“秦国不敢侵略我们赵国，正是因为有我和廉将军一文一武相互扶持。我对廉将军容忍退让，是把国家的安危放在首位，把个人的私怨放在其次！”这番话被廉颇听到，就有了廉颇“负荆请罪”的故事。

正是由于蔺相如的善待他人，有一腔包容的胸怀，才以其高尚的人格魅力折服了廉颇，并催生了历史上著名的“负荆请罪”的故事。

【解密《中庸》】

人生在世，免不了与别人产生交集，以什么样的心态与人交往，就会收获什么样的友情。面对现代人际关系的复杂，我们要学会善待他人，要相信善待他人也就是善待自己，这是一种处世哲学，一种对人生的大度心态。只有善待他人，才能收获他人的善待，自己的人生才会开心、幸福。我们要做到真实善良对待生活中每一人，坦然面对人生的风风雨雨，努力做一个真正成熟、有文化、有教养的君子。

第四章

高调做事，但要三思慎行

解读《中庸》中的做事技巧

中庸思想强调了三条做事原则，首先是实事求是，从实际出发，从自己所处的境地出发，否则就有可能因为对自我或环境的认识不清而导致考虑不周，最终落得失败的下场。

其次是做好充分准备。《中庸》上说："凡事豫则立，不豫则废。"说的就是充分准备的重要性，如果没有做准备就着手去做一件事情，那么失败的可能性就非常大。

最后，还要会见机行事。世间万物都在不断改变着，如果你想以一种拟定的方式去处理这些变动中的事物，其结果也不容乐观。唯有这三点都做到了，才能保证你做事的成功。

事情不分大小，都要认真做好

子曰："回之为人也，择乎中庸，得一善，则拳拳服膺而弗失之矣。"（孔子说："颜回为人处世，坚持奉行中庸之道，他知道这个道理后，就会把它放在心里而永远不会忘记。"）

——《中庸》第八章

孔子把颜回当作奉行中庸之道的榜样，说明了像颜回这样，找到中庸之道并坚持奉行一生，才算是真正领悟了中庸之道的真谛。既然选择了中庸之道，就要把它当作立身处世的准则，始终如一地坚持下去。

为人处世也是如此，一旦找到了自己为之坚持的为人处世的准则，那么，无论是大事还是小事，坏事还是好事，都要努力认真地做好它，即使在这个过程中会遇到很多困难，也不能轻易放弃。只有这样，才能成就一个成功的人生。

用现代思维来理解，就是说在处理事情中，无论是大事还是小事，都要做到"事无巨细，惟有用心"。民国时期，大书法家于右任写了一张"不得随处小便"的字条贴在家附近的公厕的墙上。有一个人仰慕他的书法，便趁黑偷走了这张字条，回到家中将字裁开，重新排序之后，变成了一句格言：小处不得随便。先不论这件事的好坏与否，单就这句话，我们可以看出一个深刻的道理：事情不论大小，都得认真去做。

一个名牌大学毕业的硕士生，在北京一家外企工作。在他刚进公司的那段时间里，他每天的工作就是拆应聘信、翻译。这样的工作量大而枯燥，正常来讲，以一个硕士生的资历来做这份工作，真是屈才了。但是这位硕士生却不以为意，反而每天都耐心仔细地做这份工作。

没过多久，公司领导就把他提升为人事部经理。在给他升职的那天，老

板对其他人说道："一个名牌大学毕业的硕士生，能够每天千篇一律地拆信、翻译，并且在这些信中，不厌其烦地整理出有价值的信推荐给上司，这说明他是一个做事认真仔细的人，具备人事管理的才能。而且，最为重要的是，连这种小事也做得如此出色的人，在处理其他事情方面一定会做得更好。"

就像上例中领导给出的理由一样，一个连小事都干不好的人，是不可能做好大事的。在现实生活中，有很多人都经常犯眼高手低的毛病，大事做不来，小事又不愿意做，到头来往往一事无成。

还有这样一件事，浙江一家专做海鲜的公司，其出口到欧洲的1000吨冻虾被退了回来，同时被要求索赔。刚开始，公司不了解情况，等调查之后，才发现其原因是氯霉素的含量超标。这又是怎么回事呢？后来，经过细致的检查，他们终于找到了事故的主因。原来，之所以冻虾的氯霉素超标，其根源就在一件小事上——洗手。

原来，剥虾仁要靠手工来完成，公司的一些员工因为不按规定戴手套操作，使得双手时常发痒。为了止痒，这些员工就擅自用含氯霉素的消毒水止痒，结果将氯霉素带入虾仁里，最终导致了这1000吨的虾仁遭到退货赔款。

这件事故的发生，要追究其根源，就是因为没有认真做好事。连洗手这样的事都没有处理好，可以想见，如果真要做什么大事的话，又怎么可能办成呢？

古希腊著名雕刻家菲狄亚斯曾受邀参与制作位于雅典的帕德农神殿的雕像。当他很认真地雕刻着这尊位于雅典山丘上的雕像时，有人对他说："除了雕像的正面，我们什么也看不到。你又何必那么认真地雕刻像的背面呢？"

菲狄亚斯说："你错了，上帝看得到。"

一句话，体现了菲狄亚斯做事的认真程度。做事认真，对每个人来说，都是一种生活姿态，它具体反应了我们做人的品质，没有这种品质，我们很难成就一番事业。

【解密《中庸》】

有位伟人曾说过："世界上最怕认真二字。"认真工作正是人生中一个既简单又深奥的哲理。唯有认真做事，才会在生活中发现情况，直面解决这些问题。只要认真，自己会变，世界会变，人生亦会变。

客观做事，不让心情影响自己

《诗》云："伐柯伐柯，其则不远。"执柯以伐柯，睨而视之犹以为远。(《诗经》说："削个新斧柄啊削个新斧柄，照着旧斧柄的样子削个新的就不会相差太远。"照着旧斧柄削个新斧柄，看起来差不多，但若是斜眼看去，还是能看得出差别很大。)

——《中庸》第十三章

《诗》云："伐柯伐柯，其则不远。"执柯以伐柯，睨而视之，犹以为远。"柯"指斧柄，"代柯"指伐木做斧柄。联系上下文，并从字面的含义来理解看，这两句诗是说伐柯这种行为实际上就是用斧头去斫斧柄这样一个过程。在这个过程中，作为削新斧柄的工具，斧头本身就提供了一个斧柄的样本，从而不难理解《诗》中所说的"其则不远"。

从这里可以引申出很多道理，从为人处世当中理解，孔子要告诉我们的寓意其实就是说人们在立身处世时，往往一味向外寻找处世的道理而受到各种原因的干扰，却无视自身的存在，不在乎自身的思考。其实，为人处世，并不需要向外寻求道理或办法，只要相信自己本身的尺度和准则，不受外物所控，就算是完美的处世准则了。

东汉时期，辅佐光武帝刘秀的"云台二十八将"中，寇恂和贾复两人之间也曾发生过一段"廉颇与蔺相如"般的故事。

这段故事起源于贾复驻守汝南的时候，他的部将在颍川杀了人，寇恂当时正担任颍川的太守，他知道这件事后，就下令将那个部将逮捕入狱。由于当时国家正处于百废待兴的时候，法制还不是那么健全，如果军营中的人犯了法，大多数官员往往会宽松处理，搪塞了事，并不加以深究。但是寇恂不为外物所动，坚持自己的道理，将这位部将明正典刑，斩首示众。

贾复知道这件事后，大为震怒，认为寇恂一介文官，竟然不给自己面子，因此而恨上了寇恂。他对左右侍从说：“我与寇恂都是位列将相的人，谁也不比谁差。但是现在他却一点面子都不给我，把我的部将斩首示众，他这种做法简直是对我最大的侮辱。我身为大汉将军，怎么能眼睁睁地遭受这种侮辱？如果我下次见到寇恂，我必将他杀死。”

左右侍从听他这样说，便纷纷劝道：“将军还是息怒吧！如果把事情闹得不可收拾的话，对将军您也没什么好处啊！”可是贾复当时正在气头上，根本听不进左右侍从的话。

寇恂听到这个消息后，心里有一丝担忧，但这并没有影响到他正常的工作，他依然坚持秉公办事。当然，为了避免引起不必要的争斗，他开始尽量避免与贾复见面了。

贾复知道这个情况后，就在外面对别人大肆吹嘘说：“寇恂是个胆小鬼，现在他都不敢见我了。”寇恂的侄子谷崇担心他有危险，便自告奋勇来充当寇恂的保镖。寇恂却拒绝了，他意味深长地说：“如果你这样做的话，那只会让贾复变本加厉，所以，你大可不必这样。想当年，楚国名相蔺相如不惧一代霸主秦王，却对本国的大将军廉颇处处忍让，不与他计较。这是为国家的利益着想啊！古人尚且如此，我怎么可以忘记呢？所以，我会像蔺相如那样，顾全大局，避免与贾复产生冲突。”

有一次，贾复率军从寇恂管辖的地方经过，贾复想借机报复。寇恂知道这个情况后，就命令他辖下的各县长官摆出盛大的阵容来迎接贾复的部队，同时还为他们每个人都准备了双份的美食。当贾复带领部队到来的时候，寇恂亲自出门在路上迎接他们，然后又找个理由先行告退，其本义就是避免与贾复产生冲突。众目睽睽之下，贾复不好直接杀他，当贾复带领亲随想去追赶他时，才无可奈何地发现，自己的手下个个都吃得酒足饭饱，动弹不得。面对这种情况，贾复只好无奈作罢。

后来，寇恂将事情禀告给光武帝，光武帝便下令贾复与寇恂入朝。光武帝对他们说：“现在天下尚未安定，你们都是我最需要的猛将。可你们却为了一些个人的恩怨产生冲突，两虎相争必有一伤，何必呢？朕今天就做一回中间人，帮你们调节一下，希望你们能够尽弃前嫌，和好如初吧。”

最后，两个并坐共饮，冰释前嫌。

【解密《中庸》】

生活是复杂多变的，为人处世更是如此，身处其中要想如鱼得水，就需要不被客观原因所干扰，也不要被自己的心情所控制，而是要坚持自己的处世原则，审时度势，处理好生活中的各种问题。

做事不墨守成规，灵活多变才能取得完美效果

> 武王缵大王、王季、文王之绪，壹戎衣而有天下。身不失天下之显名，尊为天子，富有四海之内，宗庙飨之，子孙保之。（武王继承了太王、古公亶父、季历和文王的未竟之业，一战即取得天下。他自身没有失去显赫的声名，被人民尊为天子（最高君主），拥有了四海以内的财富，享受宗庙里面的祭祀，子孙也能够继承这种使命。）
>
> ——《中庸》第十八章

在《中庸》第十八章“无忧”里面，孔子说了这样一段话：“……武王缵大王、王季、文王之绪，壹戎衣而有天下。身不失天下之显名，尊为天子，富有四海之内，宗庙飨之，子孙保之……”意思是殷商末年，商纣王暴虐凶残。周武王列数了商纣王的许多罪状，鼓动了军队要和商纣王决战。最后，纣王大败，连夜逃回朝歌，眼见大势已去，只好登上鹿台放火自焚。周武王完全占领商都以后，便宣告商朝的灭亡。天下人都拥戴周武王天子，周王朝由此开始。

儒家政治思想有“君为臣纲”，即要求臣子必须服从于君王。而在武王伐纣的事件里，商纣王为君，周武王为臣，周武王以“臣”来讨伐“君”，是违背了儒家思想。然而孔子不仅没有对其进行抨击批判，反而赞誉有加，这点由“身不失天下之显名，尊为天子”就可以看出。在这里，孔子的看法似乎与儒家思想出现了分歧，实则不然。儒家是提出了“君为臣纲”，但同样的，中庸思想也提出了“过犹不及”，如果从中庸思想去看待这件事，就不难理解孔子的看法了：君为臣纲，如果这个“君”是个明君，那么臣讨伐君就是“过”，就会受到天下人的指责；但如果像商纣王那样，残暴不仁，将天下治理的乌烟瘴气，百姓民不聊生。臣子反而一味以“君”为纲，不知

反抗，那就是“不及”。正因为周武王懂得在该反抗的时候反抗，该变通的时候变通，所以才能“富有四海之内，宗庙飨之”。孔子之所以赞赏周武王，也是因为他没有墨守成规，懂得审时度势、灵活多变。

在美国，也有一个因为善于审时度势、懂得灵活多变，最终成就自己一番事业的人，那个人就是“牛仔大王”李维斯。李维斯一文不名的时候，正赶上美国西部淘金热，他也想去西部淘金。临行前，一位成功者给了他一封信，告诉他成功的秘密就在这封信里，并要他在遇到重大困难和障碍的时候才拆开。李维斯很感激成功者，然后匆匆上路。

快到淘金地点的时候，一条大河挡住了所有淘金者的去路。很多人抱怨连连，有的绕道而行，有的打道回府。李维斯想起成功者给他的那封信，于是他立即拆开那封信，上面只写了一句话：“这个世界没有问题，只是当你的思想发生改变的时候，这个世界就会跟着发生改变！”看过信后，李维斯心里十分激动，他觉得要想自己的世界发生改变，就得先改变自己的思想。于是他并没有像其他淘金者一样继续前行，而是在大河边苦苦思索。最后，他想出了一个绝妙的赚钱点子——摆渡。没有人吝啬一点小钱坐他的渡船过河。没过多久，当许多淘金者因为没有淘到金而狼狈地返回家乡时，李维斯赚到了自己人生的第一笔财富，而那财富就是因为大河挡道而获得。

后来，当摆渡已经不能维持李维斯的梦想时，他又开始认真观察形势，及时改变自己的思想，转而在多金的西部卖起了水。再后来，当许多人开始学着李维斯卖水赚钱时，李维斯又华丽转身，将眼光放在了废弃的帐篷上，这些帐篷就是世界上第一条牛仔裤的前身。从此一发不可收拾，李维斯最终成为了举世闻名的“牛仔大王”，并创造了世界牛仔服的著名品牌“Levi'S”。

【解密《中庸》】

李维斯的成功，在于他没有墨守成规，没有随波逐流，而是审时度势，把握时机，灵活多变。所以他一直走在赚钱的前沿，人们跟随他却无法超越他。也许不是每个人都能成为李维斯，但是只要你能真正领悟中庸“变通”的思想，能够做到审时度势，及时变通，那么你所做的每一件事都会拥有更加完美的效果！

心无旁骛，做好自己分内的事

君子素其位而行，不愿乎其外。素富贵，行乎富贵；素贫贱，行乎贫贱；素夷狄，行乎夷狄；素患难，行乎患难。君子无入而不自得焉。（君子只根据他所处的位置而行事，不愿做本分之外的事。处于富贵时，就以富贵之道行事；处于贫贱时，就以贫贱之道行事；处于蛮荒之地时，就以蛮荒之道行事；处于患难中时，就以患难之道行事。君子无论处于什么位置都能安然自得。）

——《中庸》第十四章

《中庸》认为，一个真正的君子，应该有一种“安分守己”的特质，无论他处于什么样的地位，都可以心无旁骛地做好符合此时地位的“分内”的事。富贵时做富贵人应该做的事，贫贱时做贫贱人应该做的事，患难时做患难之中应该做的事，这样一来，无论处于什么情况下，君子都能够安然自得，保持其高雅的处世作风。

人在立身处世时，有时候必须具备一种安分守己的心态，所谓身处己位，常思己事。为人处世，需要找准自己的位置，尽自己的本分，并专心做好自己分内的事，只有这样，才具备将来做大事的资格。

清朝康熙年间，曾出现过一位名闻朝野的清官，他就是张伯行。张伯行生于顺治八年，河南仪封人。他自幼聪敏好学，十三岁时便熟读四书五经，其品德修养深受父亲和祖父的影响，年纪轻轻便成为远近闻名的君子。康熙二十年，张伯行考中举人，四年后被赐进士出身，康熙三十一年，补授内阁中书，从此步入仕途。

张伯行自幼便具备很高的品德修养，无论处于什么地位时，都能认真做事，清廉做人，深受康熙的赞赏。在康熙四十二年时，他授任山东济宁道，

当时正值灾荒，张伯行命人从家中运粮食救济灾民，又捐出几船钱帛分给百姓。到任后立即开仓放粮，赈济百姓，帮助百姓渡过难关。为此，他被指控擅动粮仓，应该革职问罪。张伯行认为“仓谷为轻，民命为重”，为此据理力争，最终免去了一场官司。

康熙四十五年，张伯行升任江苏按察使，按照当时官场的潜规则，身为巡抚的手下，张伯行理应给巡抚和总督等上司送份大礼，以表示尊敬之意，以求以后能多加关照提拔。按当时的官场潜规则的标准来算，张伯行应准备四千两白银，但他生性耿直，并不认为自己需要这样做，而且，他对这种腐败风气也是深恶痛绝，他曾说过：“我为官，誓不取民一钱，安能办此！”所以，张伯行最后没有向上司们送礼，不但如此，他在任期间，还大力整顿吏治，因而得罪了总督和巡抚，常受到他们的排挤。

康熙四十六年正月，康熙皇帝南巡到江苏，在苏州谕令总督和巡抚举荐贤能的官员。在举荐的名单中，康熙并没有看到当时已经是名动天下的张伯行，他不满地对总督和巡抚斥责道：“朕听到张伯行为官清廉，是个难得的栋梁之才，你们却不举荐！”说完，又转身对张伯行说道：“朕很了解你，他们不举荐你，朕举荐你。将来你要居官而善，做出大大的政绩来，天下人就会知道朕是明君，善识英才；如果你贪赃枉法，天下人就会笑话朕不识善恶。”说完此番话之后，康熙当场破格提升张伯行为福建巡抚。

张伯行在任福建巡抚期间，兢兢业业，安分守己，而且大力整顿吏治，惩恶扬善，几年下来，使全省风气为之大变。他在福建巡抚任上最值得称道的是他买粮抚民的政策。由于福建本省人多地少，每年的粮食都要从别的省份购买，前几任官员从不过问此事，致使奸商乘机囤积居奇，贱买贵卖，牟取暴利，百姓深受其害。

张伯行经过调查，想出了一个办法，那就是由政府从江西等省份买来粮食，再平价卖给百姓。这样就使奸商没有了获得暴利的来源，另一方面也可以使官府赚些钱用在下一年买粮济民上。另外，他还以身作则，捐献衣物钱财，赈济一些比较困苦的百姓。在他任福建巡抚期间，百姓没有因灾荒和饥饿而背井离乡的。

【解密《中庸》】

立身处世，要想奉行中庸之道，不光是要知道何为中庸之道，还要始终如一地坚持去做。一个真正的智者，不会去妄想什么，而只问自己该做什么，然后收起心来，踏踏实实地去做。这种安分守己并不会消磨斗志，而是提醒人身在其位，一定要尽心尽力地去本分做事。只有做到无论在什么位置上，都能做好自己的事，才能有做大事的希望。

做事要有充分准备，才能从容应对

凡事豫则立，不豫则废。（大凡所有的事情，有准备就能兴盛，没准备就会荒废。）

——《中庸》第二十章

“凡事豫则立，不豫则废”。这是出自《中庸》问政篇中的一句话，大意是说做事有准备有计划才能成功，没有准备没有计划则会失败。人在处世时，凡事只有预先做好充分的准备，才会有成功的把握。生活中那些自信的成功人士，其自信的来源就是有充分的准备，其成功的根本在于行事周全、计划完备。而那些临时抱佛脚的人，往往以失败告终。因此，人在立身处世时，无论是工作还是学习，做事之前一定要给自己做好准备，要有一个计划，并且依此计划脚踏实地地去完成，这样方能取得成功。

三国时期，吴国国主孙权死后，吴国朝廷就陷入了权臣相争的内部倾轧中。孙氏子弟孙峻把持朝政三年，因病去世，临死时将大权交给了孙綝。孙綝与孙峻是一母同胞的兄弟，受命之时，孙綝年仅二十四岁，由于他年轻气盛，又无战功，所以当时在外征讨魏国的吕据等大将都很不服他，曾与诸葛恪辅政孙权的滕胤更是不甘心受这个年轻人的节制。因此，吴太平元年九月和十月，吕据和滕胤先后领兵讨伐孙綝，而孙綝则派从兄孙虑迎击吕据和滕胤。由于吕滕二人没有配合好，最终被孙虑打败。

铲除了朝中的敌人之后，孙綝行事越发无所顾忌，其个人权势也达到了一个相当的高度。而与此同时，魏国政权内部也爆发了一次大事，魏将李丰、夏侯玄、毋丘剑等人先后举兵反对司马师，但无一例外都失败了。大将诸葛诞感到危机，便于吴太平二年叛归吴国。魏国以二十万大军将诸葛诞围困在寿春。孙綝为收降诸葛诞，扩充势力，先后派出三批军队共十一万人去

解救诸葛诞，但可惜的是，这三批军队并没有救出诸葛诞。孙綝大怒之下斩杀了大将朱异，而与此同时，这场战争不仅没有救出诸葛诞，而且孙綝还杀了吴国仅存不多的大将，引起了吴国上下一片怨声。

孙綝也知道这次自己招怨甚大，便称病不上朝，同时将自己的兄弟安排进京都军营中，总揽兵权，除了防备诸将叛乱，更是要防备吴主孙亮可能对他产生的不利。

年满十六岁的孙亮，名为吴国国主，实际上此时只是一个傀儡。为了亲政，他对孙綝擅权的不满由来已久。对孙綝所奏表章，他常常不客气地质问不休。他还精选了十五至十八岁的士卒子弟三千人，任命大将子弟为帅，在皇家林苑中整日操练，准备为将来的重掌大权而做准备。

当孙綝因诸葛诞之事而大失民心时，孙亮觉得时机已经成熟，便与公主鲁班、太常全尚和将军刘承暗中计议，准备诛除孙綝。可惜的是，由于孙亮的一位妃子正是孙綝的外甥女，因此还没等孙亮行动，便被孙綝所察觉。孙綝先发制人，在孙亮没准备好的时候，率军拘捕全尚，杀死刘承，并废掉了孙亮的帝位。

孙綝将孙亮废掉后，本想自己称帝，但是又怕诸臣不服，于是派人将孙权第六子孙休接来，即位为帝。孙休同孙亮一样，对孙綝不满已久，他也不想做个傀儡皇帝，但他总结了孙亮失败的教训，不敢贸然行事，只在暗中谋划。同时，为稳住孙綝，他不惜对他及他的宗族封官晋爵，不仅孙綝本人被任为丞相、荆州牧，增加五县封邑，孙休还将他的四个弟弟也分别任命为将军，封为县侯、亭侯等官爵。

一天，孙綝向孙休进献牛和酒，孙休拒绝了，孙綝大为恼怒，便乘醉故意对孙休的近臣张布说想再废帝重立。孙休听到张布的汇报后，一面对孙綝屡加赏赐，一面给孙恩加上侍中的官职，与孙綝分掌其原来独揽的职权。当时有人向孙休密告说孙綝要谋反，孙休不加审讯，便把这个人交给孙綝处理，弄得孙綝很尴尬。

孙綝发现孙休并不像孙亮那么好对付，就想到地方发展自己的势力。于是，吴太平三年，孙綝向孙休提出去武昌屯兵，孙休满口答应。孙綝又要求带走他自己以前的中营精兵万余人，并取走武库内的兵器，孙休也一一答应。

就在满朝文武都在担忧孙休对孙綝不设防的时候，实际上孙休在暗地里正在紧锣密鼓地准备除掉孙綝。当年冬天，朝中按例举行腊会，孙綝似乎发现可能要起变故，便称病不赴会。孙休连续派了十几个人去请他，孙綝只好赴会。但他暗中吩咐家人说:“速将应付事变的士兵集合好，待我一入宫，你们就在府中放火，我就以回府灭火的借口尽快离开皇宫。”

果然，孙綝入宫不久，就传来府中起火的消息，孙綝请求回府，孙休此时却说:“外面士兵那么多，何劳丞相亲自灭火？”孙綝一看情况不对，就要强行离去，孙休见此，便令近臣将孙綝牢牢绑起来，最终诛除了此人。而孙休也重掌政权，成为吴国新一代的国主。

【解密《中庸》】

要想把事情做好、做成功，其实并不容易，这不仅要有理想，还要有一个完备的计划，有了计划之后还要一步一步地去实行。如果事情发生了变化，计划也要随之而变，而行事的脚步也要跟着改变。可见，把事情做好并不容易，而要成就一个成功的人生，更不容易。

做事要有原则，但太过原则化就是固执

是故居上不骄，为下不倍。(所以居上位时不目中无人，处下位时不自暴自弃。)

——《中庸》第二十七章

《中庸》里有这样一句话:“是故居上不骄，为下不倍。”就是说做人做事时，要明确自己的位置，并根据这个位置定下一些准则。居上位时不要目中无人，处下位时也不要自暴自弃，要坚守自己的位置，或者说坚守自己的原则来做人做事。

人在立身处世时，每个人都有自己为人处世的原则，无论是工作、学习、生活等，每个人都有一套自己的看法和根据这种看法而行事的准则，也可以说有个做人做事的底线，会有所为有所不为。人会依据自己的原则而确定哪些事可以做，哪些事不可以做。

如果人在做事时没有原则，就相对于失去了衡量对错的尺度。如果连自己都不知道哪些事能做，哪些事不能做，那就很容易犯下错误，走入歧途。当然，万事都有一个度，适度的讲究原则可以给人一个良好的印象，可以在立身处世时有一个明确的目标。但如果过度地讲原则，则往往会给人以固执的印象，反倒对自身无益。

有一个关于东郭先生弟子的寓言，说的是有一天，东郭先生派三个弟子去襄阳办事，他把这三位弟子送到路口时说道:“从这儿往南走，道路都很畅通，你们沿着这条路走就对了，别走岔路啊！”

这三个弟子分别是焦茗、左野和南宫无忌，他们三个人遵照老师的指示，向南走了五十多里地。可是前方突然出现一条河，他们左右观察了一下，发现沿河走半里左右，便有一座桥可行。

这时，南宫无忌说："那里有座桥，我们从那儿过河吧！"

左野却皱眉说道："这怎么行？老师要我们一直往南走啊，我们怎么能走弯路呢？这不过是条河罢了，没什么可怕的，我们直接淌过去。"

还没等南宫无忌再说什么，左野和焦茗便相携淌过了河，南宫无忌一见，没办法，也只好跟着过了河。由于水流很急，三个人淌河的时候，有好几次都险些葬身河底。

虽然全身都湿透了，好在三个人最终都平安过河。他们继续赶路，又往南走了一百多里时，再次遇到了阻碍。

这次，他们没有遇到河，而是一堵挡住他们前路的墙。

这次，南宫无忌不想再听左野和焦茗的意见了，他坚持说："我们还是绕道走吧！"

左野和焦茗此时依然固执地说："不行，我们要遵循老师的教诲，绝不能违背，要坚持原则，我们一定会无往不利。"

说完，两人便朝墙面撞去，就只见"嘭"地一声，两个人被墙弹了回来，狠狠地摔在了地上。

南宫无忌见他们两人摔倒在地，恼怒地说："不过是多走半里路而已，你们为什么不好好考虑一下呢？"

左野说："不，我就算死在这里也不后悔，与其违背师命而苟且偷生，不如因为遵从师命而死，这是我做人的原则！"

焦茗也附和着说："我也是，如果违背老师的话，就是背叛者。"

两人先后说完这番话，便站起身，相互搀扶着，奋力往墙面撞了上去，南宫无忌想挡也挡不住，最终，左野和焦茗两个人就这么撞死在墙下了。

这个寓言其实是告诉我们，在为人处世中，那些只懂得坚持原则，不懂得灵活变通的人，思维会因陷入死胡同而找不到正确解决问题的方法，最终会像左野和焦茗那样，因找不到自己的出路而"撞墙而死"。

只知道坚持一定的原则而不会变通的人，不仅无法宽容别人，更糟的是这种做法往往会害人又害己。在现实生活中，一个人能坚持原则是好事，但在坚持原则的同时，还应该懂得进退之道，灵活变通地做人做事，别老是守着一个原则去钻牛角尖。

天下间大事小情都有其自己的道理，如果不善于灵活变通，很可能会撞进死胡同，走上绝路。一个真正的智者，不仅需要坚持自己做人做事的原则，更要善于灵活变通地做人做事，这样才会使自己的路越走越宽，越走越赏心悦目。

【解密《中庸》】

不是所有的事情都能顺风顺水地把它做好，很多时候都会有些曲折。因此，要想把事情办好，就要学会灵活变通地去处理这些事情，不要紧守着原则不放，要知道，原则也只是指导自己做人做事的一种方法而已。有时候，为了把事情办好，我们可以适当地放松一些原则，“为求目的，不择手段”一下。

做事可以高调，但不可华丽

《诗》曰："衣锦尚絅"，恶其文之著也。故君子之道，暗然而日章；小人之道，的然而日亡。(《诗经》说："里面穿着锦衣，外面披一件粗麻衣。"这是讨厌绸衣色彩太艳，所以才再罩一件外衣啊。所以君子之道，刚开始好像有点暗淡，但日久就会彰显；小人之道，刚开始可能光鲜，日久就会逐渐消亡。)

——《中庸》第三十三章

《中庸》思想认为，君子处世，实行德行的最高境界应该是：无声无色，潜移默化。就像人置身其中，片刻也离不开空气一样，看不见，摸不着，但却能感受到它的存在，达到这个境界，便可以称之为君子了。

古代的学者，不求闻达于储侯，所以"黯然"，不为人所知。但其德行终会有人知道，德行自彰而不可掩，犹衣锦尚絅，而锦之文彩，自然见之于外。立身处世，就要如古之君子一样，在心态上要有韬光养晦的精神，在做事上要高调显出自己的才华，但不可张扬，要保持一颗平常心。

高调做事是一种责任，一种气魄，一种精益求精的风格。在做事的时候，哪怕是再小的事，也要做到自己的最高水平，体现自己的最好风格，这便是高调。

但事情做好之后，不要恃才傲物，而要保持一个平和、谦卑的态度，如果你习惯了恃才傲物，习惯了华丽的处世作风，那么总有一天会吃大亏。

三国时期的杨修是名闻天下的才子，其人文思敏捷，才华横溢，但他有个最大的缺点，那就是恃才傲物，不把其他人放在眼里，为人极为高调。

他任曹操仗下行军主簿期间，有一次，曹操、杨修等人来到蔡琰府上，看见墙上挂着一幅碑文图轴，上书："黄绢幼妇，外孙齑臼。"曹操让随从破

解其意，别人都答不上来，唯有杨修答曰：“绝妙好辞，”令曹操大为惊叹。

杨修有才，人所共知，但他在为人处世上却过于浮躁，他是那种不甘寂寞、个性张扬的人，换作今天来看，就是那种做事高调华丽的人。他说话常常口无遮拦，做事也不愿考虑后果，数次犯了曹操的忌讳。

有一次，有人进贡给曹操一盒酥，曹操在上面写了“一合酥”三个字，并将它放在案头，之后便出去了。杨修和同僚进来看见后，便把这盒酥给吃掉了。曹操得知此事后，问杨修这样做的原因，杨修回答说：“盒子上不是写着‘一人一口酥’么，我们岂敢违抗主公的命令呢？”曹操表面上大赞杨修有才，但心中却颇不自在。

后来，还有一次，很多人都认为曹操在睡梦中误杀了身边的侍卫，所以曹操睡觉时便没人敢在他身边伺候。但只有杨修知道曹操多疑的心思，并一语道破天机。侍卫下葬时，杨修指着他说：“不是曹丞相在睡梦中，而是你在梦中啊！”

其实，没有人是傻子，很多人都知道曹操的疑心病很重，所以才误杀了侍卫，但他们并不想去捅破那层纸，大多都是揣着明白装糊涂罢了，唯有杨修毫不在意，一副举世皆醉我独醒的姿态，毫不留情地捅破了曹操的伪装，将曹操狡诈、残暴的一面赤裸裸地予以曝光，这怎么不令曹操恼羞成怒呢？

后来，杨修还参与了曹丕和曹植的世子之争。因为杨修和曹植都是当世才子，意气相投，所以二人常常结伴论事，终夜不息。当时，曹操对立谁为世子一度拿不定主意，而杨修当时却坚定地站在曹植的一边，替他出谋划策，帮他打压曹丕。曹操知道后非常气愤，立曹丕为世子后，又担心杨修日后添乱，便找个理由杀了杨修，也就是后来我们所熟知的《杨修之死》。

杨修之死，就在于他做事过于高调，尽耍小聪明，到头来反误了自己的性命。

【解密《中庸》】

生活中，为人处世可以尽展所长，但要记住，无论怎么高调，都要有

一个度，不能讨人厌，不要锋芒毕露。做人要圆融通达，要有一个谦逊的态度，避免给人造成太张扬的印象。一个人在社会上，如果不合时宜地过分张扬、卖弄，那么不管他多么优秀，难免会遭到明枪暗箭的攻击。所以，在社会上为人处世，可以做事高调，但做人一定要低调一些，不要让自己显得过于华丽。懂得韬光养晦，人生才能长久。

做事要善始善终，不能半途而废

君子遵道而行，半途而废，吾弗能已矣。（君子遵循正道行事，却半途而废，我不愿意这样做。）

——《中庸》第十一章

这是《中庸》中的一句话，其大意是君子应紧守正道而行事，并要坚持始终，不能半途而废。儒家思想认为，做人做事半途而废的人是不合乎中庸之道的。真正的中庸之道，应该是“依乎中庸，遁世不见知而不悔”，即用一生的时间来追求中庸之道，即使终生都不为人所知也不后悔。所以，《中庸》才会发出“吾弗能已矣”的感慨。

在现实生活中，很多人有时候会生出“人在江湖，身不由己”的感觉，事实上也是如此，生活总不会以我们的意志为转移，不是什么事情都能够顺风顺水地办好，更多的时候是伴随着这样那样的麻烦。有人能坚持原则，解决麻烦，最后把事情办好，这样的人往往是成功者。而有的人则选择了中途放弃，这些人不能说是失败者，只能说是平庸者罢了。

有一个寓言故事，说的是有两个和尚，一个住在东面的山上，一个住在西面的山上。他们同在山下的小溪里取水吃。每天早晨，他们都会挑着自己的水桶，从山上走下来，在溪边打满水，然后回到寺庙。有时候两个和尚会碰见，便停下来谈经论佛，互相证引。

日子就这样一天天地过去。突然有一天，西山的和尚发现东山的和尚已经有很多天没有下山打水了，他感到很担忧，以为东山的和尚病了。于是他便收拾一下行装，上了东面的山。

等到他走进东山上的寺里一看，却发现东山上的和尚正在蒲团上打坐念经，红光满面，精神很好。他感到很奇怪，便问：“为什么好长时间没有

看见你下山打水，难道你已经悟得佛道，感动了上天，所以给你降下甘霖了吗？”

东山的和尚摇摇头，说道：“不是这样的，我每天都在挖一口井，前几天终于挖成了，所以我再也不用下山挑水了，只需要从井里打水就行了。”

西山的和尚大为惊奇，便要求去看看这口井。东山的和尚点点头，领着西山的和尚来到了寺院的后面，那里，正有一口看上去刚砌好的井。西山的和尚仔细看了看，发现井很深，根本就看不到底。

东山的和尚取来水桶，打了一桶水给西山的和尚尝。西山的和尚边喝着水边问：“你用了多长的时间才挖好这口井？”

东山的和尚说：“自从我打算挖口井以来，我每天都坚持挖，我已经记不清我挖了多长时间了，也没有刻意地去记时间。我只是挖井，我一直坚信只要坚持下去，中途不要放弃，总有一天这口井会出水的。”

东山的和尚最终能挖出井来，靠的正是做事不半途而废的道理。不管这件事情有多么难，我只坚持我的道理，不抛弃，不放弃，始终坚信最后一定会取得成功。

让我们来看一个相反的例子。

这是发生在美国的一个故事：很多年前，有一个叫贾金斯的人，他是一个典型的做事虎头蛇尾，习惯于半途而废的人。有段时间，他曾经废寝忘食地攻读法语，但要熟练地掌握法语很难。贾金斯发现，要想真正地掌握法语，就必须先透彻地了解古法语，而要想了解古法语，就需要对拉丁语有所精研。贾金斯进而发现，掌握拉丁语的唯一途径是学习梵文。一番归根究底之后，贾金斯一头扑进了梵文的学习之中，可到最后，他发现梵文非常难学，便给自己找了个理由放弃了这件事，而掌握法语的事情最终也就不了了之。

贾金斯从来没有获得过什么学位，他学到的知识也始终没有用武之地。但他的祖先却给他留下了一些本钱，所以，他曾踌躇满志地拿出 10 万美元办了一家煤气厂，可是煤气厂办起来后，贾金斯发现煤气所需的煤炭价钱很昂贵，这使他亏了很多。于是，他以 9 万美元的售价把煤气厂卖了出去，又办起了煤矿。煤矿办起来了，可是他又发现采矿机械的耗资大得吓人。于是

他又把在矿里拥有的股份变卖成 8 万美元，转入了煤矿机器制造业。

就这样，他每投资一个项目，便失败一个项目，他就像一个内行的滑冰者，在不同的项目中滑进滑出，没完没了，却总也得不到他想要的成功……

【解密《中庸》】

做什么事情，都要有一个善始善终的心态，不要因为一点点的困难就放弃，这样永远不会取得成功。想想看，登泰山登到一半，便因为太累而下山，那你登的这一半山路又算什么？即便是为了对得起登的这一半山路，你也应该把剩下的路走完，去看看雄伟的泰山日出，这才是划算的买卖。做事情也是如此，在没有看到最后的结果之前，千万不要半途而废，要坚持到底，取得最终的胜利。

第五章
低调入世，享受难得糊涂

解读《中庸》中的处世态度

现实生活中没有远离人烟的桃花源，因此每个人都注定要成为一个入世者。入世则需要深谙处世之道，否则就会应接不暇、疲惫不堪。而如果要学处世之道，中庸处世无疑是最适合的。因为中庸强调难得糊涂，强调不偏不倚、不走极端，强调低调慎行。

难得糊涂，是对自己的宽容，是对这个世界少一点执著，多一点看开。不偏不倚、不走极端则是为求一个“和”的局面。没有人希望自己遭到冷嘲热讽，同样的，没有人不希望自己的周围是一片祥和安泰。而低调慎行则可以使你的生存环境更加天高地阔。

靠搞怪引人注意，只能适得其反

素隐行怪，后世有述焉，吾弗为之矣。（世界上有些人喜欢探寻隐僻的道理，做些荒诞怪异的事情，后世也许会有人来记述他，为他立传，但是我却绝不会这样做。）

——《中庸》第十一章

在《中庸》的这一章中，孔子对那些喜欢探寻奇怪的道理，以怪诞行为吸引他人的人，表示了不屑之意，认为这种行为并不是中庸之道，或许后世会有人来记述这个人，并且为他树碑立传，但这并不是真君子所为，真正的君子是绝对不会这样去做的。而且，言行过度的怪诞，往往并不能取得意想中的效果，反而会适得其反，带来很多麻烦。

现代生活，提倡自我的张扬，提倡个性的解放，讲创新，讲自主，似乎只有这样，社会才能向前发展，文明才会一直向前进步。正常来说，这样的道理是没有什么缺失之处的，是符合《中庸》的精神的。但是很多时候，这些创新、个性往往被过度地、不适当地发挥出来，从而给人们，甚至是社会造成了很大的困扰。虽然它们吸引了大量的关注，但这种关注不仅没有使社会进步，反而成为一种可能令社会退步的怪异言行，让人们很不舒服。

曾经有这样一件事：在国内某著名视频网站上，出现了一段男子跳海的视频。视频中，一男子站在海边的礁石上，四周波浪汹涌，这位男子大声朗诵诗歌，然后毫不犹豫地跳入海中……

这段《湖南一诗人跳海“自杀”》的视频自从在网上传播以来，不仅引起网络上的一片沸腾，同时也引发了社会各界人士的高度关注。有媒体采访到了这位湖南籍的知名诗人，这位诗人在接受电话采访时表示，这是他在黄海边搞的爱国行为艺术活动，想以效仿屈原的形式，祝福祖国万岁。

用如此耸人听闻的形式来祝福祖国万岁，确实能成功地引起大量的关注，但是这种关注或许可以将其诠释为“雷人”。这位诗人到底爱不爱国没有人知道，但这种行为的背后却难掩炒作之嫌。

这位诗人所效法的屈原，是我国历史上著名的爱国诗人，他虽忠事楚怀王，但却屡遭排挤，怀王死后又因谗言而被流放，最终投汨罗江而死。屈原之所以成为爱国诗人，并不是因为他投江而死，而是因为他因受冤屈，难酬报国之志，含恨而投江的。要学习屈原，效仿屈原，应该学习他的爱国精神，而不是投江这种行为。

现代社会，提倡个性，爱国当然也可以个性地表达，但是这种表达首先在道德上应该是健康向上的，是积极的，应该给人以启迪。上面那位诗人所谓的爱国行为，除了因其怪诞而引起社会的关注以外，看不出有什么健康向上的思想。

当今，很多人为出名，为得利，不惜用怪诞的行为以引起他人的关注，这种关注的背后，是道德的沦丧，是艺术的堕落，往严重说，甚至是社会的倒退。无论是对当事人，还是对他人、对社会，都没有什么好处。

要想真正赢得他人的关注，怪诞行为只能引得一时，并不能引得一世。最好的办法应该是多做一些实实在在的行动，为人处世要中正和谐，不过分，也无不及，以崇高的德行在潜移默化中引起他人的关注。

将这种怪诞的行为引申一下，让我们看看当今企业的发展。很多企业在刚刚发展不久之后，在根脚未稳之际，便盲目地标新立异。一些企业甚至是为了创新而创新，完全忽略了企业本身的发展宗旨。以互联网通信为例，在1999至2000年时，国内诸如TICQ、PICQ、OICQ、EICQ等聊天软件充斥互联网，但是，到最后却只有OICQ生存了下来，并逐渐成长为中国即时通讯市场的龙头老大。

腾讯之所以能在众多聊天软件中脱颖而出，究其原因，就在于原来那些ICQ产品为了让自己有别于其他产品，纷纷展开创新，推出各种“新奇”的服务。而腾讯却是先加强最基本的功能——聊天畅通、文件传输畅通等，把聊天软件最基础的方面做得强大一些。一直到市场稳定之后，腾讯才开始推陈出新，根据自己的实际情况开始了创新之路。

可见，腾讯之所以能成功，不在于他的产品有多么“标新立异”，而在于他抓住了产品最根本的宗旨，并加以完善。

【解密《中庸》】

为人处世，有时候“平庸”一些是好事，别把自己弄得过于“标新立异”，那样只会引得一时的关注，却很可能给自己带来一生的伤害。

为人处世，从夫妻相处开始

君子之道，造端乎夫妇，及其至也，察乎天地。（君子之道，起始于男男女女的日常琐碎之事，而它的极至，却又像天地一样，无所不在、无所不包。）

——《中庸》第十二章

《中庸》的这句话，向我们揭示了君子之道，其最早的来源不过是男女夫妇间的日常琐碎之事，人们通过生活，一点点懂得了做人做事的道理，并有感于天地大道，明白了如何成为君子、圣人。

可以说，夫妻间的相处是一个人为人处世的基石。俗话说，“浇花浇根，交人交心。”人与人交往交的就是一个心，彼此待之以诚，人际交往才会越来越广，为人处世才会不离中庸之道，而夫妻的相处之道，也是君子修养性情、培养品德的重要方面。

孔子认为，夫妻相处要交心，因为夫妻是天地间最亲密的关系之一，双方必须要彼此理解，彼此尊重，才能体会到对方的心意，只有做到心意如一，才能保证生活的和谐美满；同时，人也需要在夫妻生活中逐渐明白处世的道理，把夫妻相处之道变成为人处世之道，这样不仅能陶冶君子性情，同时也能在社会中取得他人的喜欢和爱戴。如果连夫妻相处都有问题的话，又怎么能在外面与他人交往得和谐圆融呢？

宋朝时期，在齐州（今山东济南）有进士叫刘庭式。他为人忠厚质朴，诚实守信，曾官至密州通判，后监太平观，老于庐山。

刘庭式在未考中进士时，家人曾为他与同乡的一户农家女订了一门亲事，双方家中都已同意，只不过还未送纳聘礼。后来，刘庭式科举进士及第，一跃龙门。但是可惜的是，在这段期间，他的未婚妻因为患病而导致双

目失明，女方家世代务农，十分贫苦，自觉已经配不上刘庭式，便再不提婚约之事。

也有人劝说刘庭式另娶他人之女，刘庭式摇头拒绝了，他说：“我当初已经在心里同意了，现在怎么因为她双目失明而违背自己原来的心意呢？”就这样，刘庭式最终还是迎娶了双目失明的未婚妻。婚后夫妻感情真挚，家庭和睦，深受他人艳羡。

二人在生育几个子女后，刘庭式的妻子不幸病故。刘庭式内心悲痛，不愿续娶。当时他正担任密州通判，苏轼为太守。苏轼得知他的情况后，便对他说：“哀生于爱，爱生于色。现在你的爱缘于何处，哀痛又以什么为寄托呢？”

刘庭式回答说：“我只是知道失去了爱妻。如果因为美色而滥情示爱，因为相爱而心情伤感，那么人老色衰，爱就失去依据而消失，哀伤之情也就淡忘无迹。由此说来，那些忸怩卖俏、秋波暗送、轻佻风流、倚市相招的女子都可以娶为妻室吗？”

苏轼闻言大为敬佩，于是据此为他写了一篇文章，专门称颂他的事迹。

从刘庭式不因妻子双目失明而不娶，在妻子病故后亦不愿续娶中可以看出，他们之间有真挚的感情和对彼此的敬重。其实这种夫妻相守正是为人处世需要遵循的道理。唯有内心真诚、彼此尊重，人与人之间的交往才会和谐、圆融。

我们都知道两个成语，一个是举案齐眉，一个是相敬如宾。举案齐眉来自于《后汉书·梁鸿传》。史载梁鸿少时家里贫穷，但他很有学问，是当时有名的才子。但是他一直不愿做官，隐居乡里，自食其力。梁鸿娶了同县孟家女儿孟光后，夫妻二人共同隐于山中，过着男耕女织的田园生活。每当梁鸿回家时，“妻为具食，不敢于鸿前仰视，举案齐眉。”这就是“举案齐眉”的来历。

相敬如宾来源于《左传》。史载，晋国大夫臼季奉命外出时，经过冀地，看见一个叫郤缺的人在田里除草，不一会儿，他的妻子给他送饭，只见妻子恭敬地用双手把饭捧给丈夫，丈夫也庄重地接过来。妻子在丈夫用饭时，恭敬地侍立在一旁，一直等着他吃完，最后收拾好餐具辞别丈夫而去。

这两个成语典故都说明了古代君子在夫妻相处之中，都能相互敬重，相互理解，这是君子奉行的处世准则。《中庸》也总结说，为人处世，要向夫妻相处一样去与人相处，这正是君子所奉行的道理。

【解密《中庸》】

以今天的眼光来看，像古人那样做到相敬如宾，有点过于呆板了，但我们要从中理解一个处世的道理——只有相互理解，相互尊重，人与人之间的交往才会和谐美满。遇事尽量不跟人计较，要以一个平静的心态，理解对方，尊重对方，同时理智地寻求解决问题的办法。

常思己过，才能得到他人的尊重

子曰："射有似乎君子：失诸正鹄，反求诸其身。"（孔子说："君子做人的道理就像射箭：没射中靶心，就要从自身找原因。"）

——《中庸》第十四章

一个人的长相是与生俱来的，无论是生的美还是丑，生的高还是生的矮，只能听天由命。然而，一个人的教养和品德却可以通过后天的学习、修炼而得到提升。这也正是《中庸》始终强调的。

《中庸》认为，要达成君子之道，需要不断地自我修养、自我教育、自我完善，以此来面对人生中的各种诱惑与是非，只有不断提高自身修养，才能在面临人生的抉择中选对正确的道路。

生活中，一个人是否有教养，是否值得他人的尊重，总会从其神态形色、举手投足或是为人处世等方面看出来。那些成功人士，虽然有些人出身平凡，但他们在成功之后都很注重个人在举手投足间的修养与德行，通过不断的修养锻炼，甚至是在不断的出洋相中反思己身，逐步培养出了贵人的气质，站在人群中更能凸显出自身的尊贵与不凡，彰显出自身的不俗修养。

《中庸》认为，只有修身正己，并常思己过，才能培养出君子般的品德，得到他人的尊重，这是成就一切功业的基础。

李法，字伯度，汉中南郑（今陕西省汉中市东）人。他生于汉和帝时期，自幼便博览群书，精通经史，为人品性高洁，性情刚直有节操。汉和帝永元九年，他参加了贤良方正对策考试，被任命为博士，之后不久，便升任侍中、光禄大夫。大约一年以后，李法上疏汉和帝，议论政策的得失。

李法认为，当今政令过于苛刻，而且繁杂琐细，百姓往往云里雾里，不知就里，使政策施行起来颇有难度。而且有些政令也违背了永平、建初时期

所确立的制度；同时，李法又直言宦官权力过大，势力日益强盛，并开始干预朝政，此为大祸之兆；同时，后妃们太受宠爱，其言行教化已经影响到了社会风俗；最后，又指责史官失职，其记载的内容没有尊重历史的真相，这种做法将会使后来的有识之士在考证历史时，找不到确切的依据。

汉和帝在看到李法的上疏后非常生气，他以言论失据的失言之罪，将李法送交官府治罪，同时免去他一切官职，贬为平民。李法没有反驳，只是黯然承受。

他回到家乡后，谢绝一切人际往来，整日闭门苦读，固守节操。以前的一些交情深厚的老朋友和学生纷纷来看望他，在言谈之间，他们很关心他拂逆皇上心意的原因，李法总是避而不谈。每当朋友坚持询问，他便说："我这个见识短浅的平头老百姓，哪里有资格侍奉皇上呢？敬事职守，忧虑有所失误，所以行为不当。孟子曾经说过：仁德的人处世就像射箭，首先应该站直自己的身体，然后才能发射，如果没有射中箭靶，那么也不能抱怨那些胜过自己的人，而是要反省自己做没做好罢了。"

正是这种反思己过的态度，使李法的致学越发严谨，品德修养越发高洁。八年之后 ，李法重新被起用，任议郎、谏议大夫的官职。当然，李法并没有就此沉沦，而是依然直言不讳，不改当年气节。他政绩卓著，深受百姓的爱戴与敬重。

【解密《中庸》】

"尊重"是一个很敏感，又很重要的词。每个人都希望得到他人的尊重，并把它看作是自己人生在世所追求的意义。有时候，当自己受到鄙视、侮辱或轻视的时候，先不要急着冲对方发怒，不妨先反省一下自己，仔细思考一下为什么对方会如此不尊重自己，是不是自己有哪些地方没有做好。常常反思一下，改正自己的不足之处，当越来越多的人开始尊重自己的时候，那就说明自己的修养品德已经符合君子的要求了。

无法与家人和睦相处，就难与他人和睦相处

《诗》曰：“妻子好合，如鼓瑟琴。兄弟既翕，和乐且耽。宜尔室家，乐尔妻帑。”子曰：“父母其顺矣乎！”（《诗经》说：“妻子和儿女和和美美，就像弹奏着琴瑟一般合着节拍。兄弟也亲密无间，和睦快乐而舒坦。让你的家庭和乐，让你的妻子和儿女们感到快乐。”孔子评价说：“这样一来，为人父母的心中就舒服顺遂了啊！”）

——《中庸》第十五章

孔子认为，如果能与家人和睦相处，必定能与他人和睦相处。孔子的这种看法的来源，就在于中国传统文化中的“孝”，《中庸》认为，百善孝为先，孝就是夫妻、父子、长辈与晚辈的相处之道。君子尽孝，才能“养其身、养其心、养其智”，使为人处世达至中正和谐的状态。

我们常讲孝道，这个孝道就是一种为人处世的准则，丈夫有丈夫的道、妻子有妻子的道、儿子有儿子的道，做到“各行其道，各正本位。”与家人相处要互相尊重、互相爱慕、真诚待人等等，而这正是人立身处世需要明白的道理。因此孔子认为，能与家人和睦相处的人，必定能与他人和睦相处。而不能与家人和睦相处的人，也很难做到与他人和睦相处。

东汉初年，有个隐士叫梁鸿，他自幼便博览群书，博学多才，虽然家里很穷，可是为人处世颇有气节。东汉初，他曾进太学学习，学业结束后，就在当时的皇家林苑——上林苑放猪。

有一次，梁鸿因为不小心烧着了房子，波及到周围的人家。梁鸿很过意不去，便挨家挨户地去询问各自的损失，并以猪来作为赔偿。

有一家人嫌他赔得太少，梁鸿便说：“我没有别的财物，愿意为你打一段短工来补偿。”那家主人答应了梁鸿的要求。于是，梁鸿就在这里开始做

工。他做工非常勤奋，可谓是不懈朝夕，绝无怨言。附近一些人家的老人见梁鸿的行为非同一般，就一起责怪那家主人不该如此对待梁鸿。那家主人看到梁鸿的表现，也开始尊敬他，并将猪悉数归还给梁鸿，梁鸿坚辞不受。

后来，梁鸿回到了自己的家乡，由于他的品德高尚，许多人都来他家求亲，梁鸿一直没有定下亲事。与他同县的孟家出了一个女儿，此女长得粗壮，力气极大，能把石臼轻易举起来。她年近三十，依然坚持不嫁人。父母问她为何不嫁。她说："我要嫁就嫁像梁鸿一样贤德的人。"梁鸿听说后，就下聘礼，准备娶她。

孟女很高兴，等到过门那天，她打扮得漂漂亮亮的，以期获得夫君的喜爱。哪想到婚后一连七日，梁鸿一言不发。孟家女就来到梁鸿面前跪下，说："妾早闻夫君贤名，立誓非您莫嫁；夫君也拒绝了许多家的提亲，最后选定了妾为妻。可不知为什么，婚后夫君默默无语，不知妾犯了什么过失？"

梁鸿答道："我一直希望自己的妻子是位能穿麻葛衣，并能与我一起隐居到深山老林中的人。而现在你却穿着名贵的衣服盛装打扮，这哪里是我理想中的妻子啊？"

孟女听了，高兴地对梁鸿说："我这些日子的穿着打扮，只是想验证一下，夫君你是否真是我理想中的贤士。妾早就准备了劳作的服装与用品。"说完，便将一身盛装去掉，换成粗布衣，开始干活。梁鸿见状大喜，连忙走过去，对妻子说："你才是我梁鸿的妻子！"

后来，他们夫妻二人一起去了霸陵（今西安市东北）的山中，过起了隐居生活。在那里，他们以耕织为业，或咏诗书，或弹琴自娱。不久，他们又来到吴地（今江苏境内）隐居。梁鸿一家住在大族皋伯通家宅的廊下小屋中，靠给人舂米过活。每次归家时，孟女备好食物，低头不敢仰视，举案齐眉，请梁鸿进食。

【解密《中庸》】

人生天地间，有几人能取得惊天的事业，大多数人还不是平平凡凡过一生？生活中遇到的也不过是一些琐碎繁杂的事情罢了。要想与他人和睦相处，就要从小事做起，从夫妻相处间体会做人做事的道理，并把它推而广之。

与人为善，人才善之

其次致曲，曲能有诚。诚则形，形则著，著则明，明则动，动则变，变则化。唯天下至诚为能化。（接下来是那些诚未能达到极至的人，未能完全发挥出自己的本性。不过在这不完全中能够慢慢发展自己原本就有的诚心，这种诚心可以表现在外在，展现出来后会渐渐变得显著，由显著渐渐变得光明正大，变得光明正大之后就能感动他人，这种感动使万事万物随之产生变化，这种变化是非常奇妙的。只有达到圣人的境界才能感化万物。）

——《中庸》第二十三章

对大多数人来说，也许人们并不能都达到圣人的境界，但《中庸》却指出了另外一条明路。圣人是“自诚明”，是天生就真诚的人，这样的人很少。但我们大多数人却可以做到最起码的真诚，对自己真诚，对他人真诚。立身时真诚对待自己，处世中真诚、和善地对待他人。只要我们肯不断地修养品德，奉行中庸之道，最终都能达至君子之道。

清朝时期，福州马尾湾边有一座老字号的“元昌盛”钱庄，由于马尾湾渔民、鱼商众多，福建水师也在此驻扎，同时该地还有造船厂、机器局等机构，钱庄坐拥宝地，兴盛不衰。

一次，朝廷向各个钱庄派发京票，当时的京票就相当于派给钱庄的税金，福建分得二百万两银子的京票，钱庄同业公会要求各钱庄按财力多寡自行认报数字。

对各大钱庄来说，这就相当于从自己身上割下一块肉，哪个钱庄老板不心疼？因此，大多数钱庄老板在听到这样的要求后都不动声色，不发表意见。当时的公会会首正是元昌盛钱庄的老板卢俊辉，他理应率先认报，这样

好带动其他钱庄。但是他不愿意吃这个亏，希望找个软柿子捏，让他认报第一笔京票。因为按一般情况来说，第一个认报的钱庄起点不能低，否则其余钱庄难以出口，故吃亏显而易见。卢俊辉当时就发现胡雪岩在人群中，于是他对胡雪岩拱拱手，要求胡雪岩认报二十万两的京票。

这个数字令胡雪岩左右为难，因为当时他的分号不足十万两白银，怎么可能认报二十万两？他想了想，便说："如若会首能认报五十万两，则敝号一定从命。"这巧妙的反击使卢俊辉气恼不已，元昌盛流动的账目不过六七十万两，自己当然不能认报这么多。

但其他钱庄的同行们却纷纷说言之有理，卢老板理应带头。由于卢俊辉平日待人跋扈，所以得罪了不少人。此时看到卢俊辉吃憋，怎能不纷纷落井下石，快意恩仇？

卢俊辉愤怒异常，恨极了胡雪岩，但却不便发作，只好认报了二十万，他决心报复胡雪岩的阜康分号。

当时钱庄同业中有条不成文的规定，那就是各家发出的银票可以相互兑现，除非某家钱庄濒临倒闭，失去信用，大家才能拒收这家钱庄的银票。卢俊辉为了打击胡雪岩，不顾同行协议，决定单独拒收阜康的银票，动摇胡雪岩的信用。

一天，元昌盛开门不久，一位茶商拿着一张五千两的阜康银票，到柜上要求兑换现银。卢俊辉抓住这次机会，拒收了这张银票，并说："这两年阜康信用不佳，不得不防。"

茶商听到这个解释后，立刻去阜康分号讨说法。胡雪岩当时正在店里办公，见茶商前来兴师问罪，大吃一惊。在询问其缘由后，胡雪岩顿感事态严重。因为元昌盛是福州老字号，信用足，本钱厚，如果他拒收阜康银票的话，肯定会引起轩然大波。

送走茶商后，胡雪岩苦苦思索对策。他一贯主张与人为善、和气生财，哪想到卢俊辉如此明目张胆地欺负自己，那他也只好被迫应战。

他想了许久，决定以彼之道，还施彼身。先是买通了卢俊辉手下一个与他颇有嫌隙的伙计赵德贵，通过摸元昌盛的底，发现元昌盛现有存银五十万两，却开出近百万两的银票，这是十分危险的经营方式。如果发生挤兑现

象，存户们全把银票拿来兑现，元昌盛立刻就要破产。

胡雪岩发现了这个情况后，便暗地里收集元昌盛的银票。而卢俊辉在此时又开了一家赌场，使元昌盛库中能兑现的银子仅够应付日常业务，达到十分危险的程度。

听到赵德贵送来这一消息后，胡雪岩大喜，立刻开始指使别人去元昌盛钱庄兑换现银。一天之中，顾客就提走了二十万两，卢俊辉还以为是偶然现象，没有在意。谁知第二天，更多的顾客蜂拥而来，没等卢俊辉反应过来，库银已被提取一空。

挤兑现象在“元昌盛”这家老钱庄门前发生了。

卢俊辉发现事态严重，连忙向同行各家钱庄告贷，但由于他平常为人飞扬跋扈，人缘极差，所以大家只是看热闹，没有一家去帮他。

最终，卢俊辉无计可施，只好把元昌盛抵押给他人，而这个他人，正是胡雪岩。

【解密《中庸》】

如果当时卢俊辉没有挑中胡雪岩，没存在欺负他的想法；再如果卢俊辉平时为人处世能与人为善一些。那么，又何至于遭到胡雪岩的算计，有难时却找不到一个帮手呢？由此可以得知，与人为善，宁交朋友，不立敌人，方是为人处世之大道。

处世之道，在于知道自己的位置

子曰：“愚而好自用；贱而好自专；生乎今之世，反古之道。如此者，灾及其身者也。”（孔子说：“有些人很愚昧很爱自以为是，下贱却又自作主张，生存在现在的世上，却要恢复古代的道德。这样下来，灾难一定会降临到他们身上啊。”）

——《中庸》第二十八章

愚昧却不自知，反而自以为是，独断专行；生活在现代却总想回到过去。这样的人在现实生活中并不在少数，很多人都觉得自己能力很强，很了不起，在做事方面也比别人强，看不起别人。而且，这样的人往往都很骄傲，听不进别人的意见；又因为其自大的特性，做事往往很专横，甚至惹人讨厌。就如同《中庸》里所形容的那样，这种情况只能造成一种后果，那就是“灾及其身者也”。就是说这样处世，总有一天会自食恶果。

《中庸》劝诫世人修养品德的同时，也在告诉人们一个道理，那就是做人做事时，要清楚地看清自己的位置，安分守己，不要妄想能处理好超出自己位置的事，只要把自己的分内事处理好，那就是人生的成功了。

但是在现实生活中，有很多人往往看不清自己的位置，总是“想着碗里的，看着锅里的”，自以为比别人优秀，便刚愎自用，骄傲自大，不把别人放在眼里，这样做是很危险的。历史上无数失败者的事迹已经告诉我们，紧守本分，才是为人处世的成功之道。否则，就会吞下恶果，甚至给自己造成无法估量的伤害。

历史上，前秦皇帝苻坚便是因为刚愎自用，没有找准自己人生的位置，最终弄得国破家亡。当年，中原大地烽烟四起，北方各少数民族趁西晋末年的“八王之乱”，纷纷起兵反晋，先后建立了多个政权，进行了长达一百多

年的混战。最后，整个北方被前秦皇帝苻坚所统一。这个时候，苻坚可谓是春风得意，人生达到了一个制高点。

但是他并不满足于现有的成就，他的志向不仅限于统一北方，而是统一整个天下。经过二十多年的精心治理，前秦已经是国富兵强，只剩下东南方的东晋尚未征服。

苻坚曾对手下一名重臣王猛言听计从，他之所以能取得如此成就，也离不开王猛的出谋划策。但是王猛死后，苻坚便忘记了他对自己的忠告。王猛一直认为前秦的敌人是鲜卑人和羌人，但是苻坚却十分信任投奔他的鲜卑贵族慕容垂和羌族贵族姚苌。王猛劝他不要进攻东晋，但苻坚却把东晋当作唯一的敌人。

王猛死后的第三年，苻坚派他的儿子苻丕和慕容垂、姚苌等人率十几万大军，花了近一年的时间，攻下了东晋的襄阳城。接着，苻坚又派兵从襄阳向东进攻淮南。东晋守将谢石、谢玄率领水陆两路进攻，把秦兵打得一败涂地。

但是苻坚不肯就此罢休，公元382年十月，苻坚在皇宫中召集大臣商量攻打东晋的事，不料几乎所有的大臣都表示反对，这使他很不高兴。于是他将大臣挥走，独留下自己的弟弟苻融，寻求弟弟的支持。可是他没想到，自己的弟弟也会反对他，不由大为恼怒。

在那以后，无论弟弟和其他众位大臣如何苦劝，苻坚一概不予理睬。有一次，他问慕容垂的看法，慕容垂说:“强国吃掉弱国是天经地义的事情。像陛下这么英明的君王，手下雄兵百万，文武俱备，要灭掉小小晋国，不在话下。陛下只要自己拿定主意就是，何必去征求别人的意见？”

一番话说得苻坚心花怒放，重赏慕容垂之后，他兴奋地晚上都睡不着觉。他的妃子张夫人听到朝廷内外很多人不赞成出兵，也好言相劝，苻坚却说:“打仗的事，你们女人家别管。”

他最宠爱的小儿子苻铣也劝他别出兵，得来的却是苻坚冷淡的训斥。当他踌躇满志地准备攻打东晋的时候，他没有想到，就是那个怂恿他的慕容垂，已经开始在暗地里准备谋反的事宜。

建元十九年五月，苻坚发兵九十多万，向东晋进发。双方在淝水相遇，

东晋趁前秦大军尚未完成集结之际，主动在淝水决战。交战前，苻坚急于求胜，在未核实敌情，不明东晋意图的情况下，不听手下将领的劝阻，盲目同意退军决战。结果中了东晋的圈套，一退而不可收拾，最终导致淝水惨败。

淝水之战后，前秦大伤元气，先前被征服的各部落酋长，纷纷发动叛乱，其中前燕宗室慕容垂在公元384年称帝，建立后燕。前秦最终瓦解，北方重新陷入分裂与混乱中。

【解密《中庸》】

立身处世，我们要做一个有自知之明的人，既要有自己的主见，又要能听取他人的意见，凡事不能独断专行。同是，要清楚自己的位置，只做自己的“分内事”，少沾惹那些自己没有把握做好的事。

你给他投个桃，他会给你个李

《诗》曰："不显惟德，百辟其刑之。"是故君子笃恭而天下平。（《诗经》说："充分彰显自己的仁德，诸侯自然就会去效法你。"所以君子有真切恭敬的态度，自然使得天下太平。）

——《中庸》第三十三章

儒家思想以"仁"为核心，认为仁德可以感化万物，开天下太平。因此，要想修养品德，成为君子，就要充分彰显自己的仁德，让他人受到感染。孟子也认为："君子与一般人不同的地方就在于，他的内心所怀的念头有所不同。君子内心所怀的念头是仁，是礼。仁爱的人爱别人，礼让的人尊敬别人。所以爱别人的人，自然会受到别人的喜欢；尊敬别人的人，别人也会尊敬他。"这其实就是俗话所说的"投之以桃，报之以李"。

《中庸》所提倡的中正和谐，反映在为人处世方面，其实也是一种德行与德行间的交互。君子行事，以仁德立身，以诚待人，与人为善。由此换来他人的尊敬，以诚待己，与己为善，这是一种人际交往的准则，是一种品德与品德之间的交换。

战国时期，魏国大将军吴起是当时最著名的军事家，他在担任魏军统帅期间，与士兵同甘共苦，深受士兵爱戴。有一次，一位士兵身上长了个脓疮，吴起知道后，马上来到这位士兵面前，亲自用嘴为士兵吸吮脓血。事迹传开后，全军上下无不感动。然而，这个士兵的母亲在得知这个消息后却哭了。

有人奇怪地问："你儿子不过是个士兵，将军却亲自为他吸脓疮，你为什么哭呢？将军如此看重你的儿子，这可是你家的福分哪！"

这位母亲哭诉道："这哪里是在爱我的儿子啊，分明是让我儿子为他卖

命。当年吴起将军也曾为我儿子的父亲吸脓血，结果打仗时，他父亲格外勇敢，最终战死。现在他又这样对待我的儿子，看来我儿子的命也不长了！”

果然，不久以后，在一次战争中，这位士兵奋勇杀敌，最终战死沙场。

我们都知道脓血脏而且有毒，一般人唯恐避之不及，又有谁会去用嘴吸呢？但是吴起就做到了。人心是肉长的，在大多数人的交际观念中，谁对我好，我就对谁好。所以，吴起对士兵投之以桃，士兵就用奋勇杀敌来报之以李，这种互相尊重的人际关系使全军上下融为一体，更是唯吴起马首是瞻。

其实，这样的互动不仅存在于生死攸关的战场上，在风平浪静的生活中也常常可以见到。《中庸》所奉行的处世之道，要想达到中正和谐的境界，就需要人与人之间能时常礼尚往来，我投之以桃，你报之以李。这是品德的交换，也是利益的交换，更是君子之道的交换。在这种交换中，双方的关系越来越密切，而人生之路自然就会越走越宽。

在现代社会的人际交往中，一个聪明的人一定要懂得投桃报李的人际交往原则，不仅仅是利益的有来有往，同样也是个人品德的有来有往，投桃报李才是人情常理。用自己的德行去感染身边的人，去潜移默化身边的环境，反过来别人和你生存的环境也会潜移默化地改变着你，提高你的修养品行，唯有这样，才会做到自己和社会的和谐共存。

【解密《中庸》】

我们一定要有一个良好的修养，这是立身之本，也是个人魅力的基础，是吸引他人的资本。如果我们都能以仁德来塑造自己的人格，那么最终受益的不仅仅是我们自己，更会涉及到整个社会。在日常生活中，如果自己谦让一些，别人礼让一些；自己贡献一点，别人也贡献一点，大家都贡献一点，那么整个社会就会和谐大同。

善念是心灵的一把“吸尘器”

> 《诗》云：“潜虽伏矣，亦孔之昭！”故君子内省不疚，无恶于志。君子之所不可及者，其唯人之所不见乎？（《诗经》说：“即使（鱼儿）潜伏到深水中，也是很容易被发现的！”所以君子要深刻地反省自己，是为了不致有愧疚，力求做到无愧于心。君子之所以很难有人赶上他，大概是因为他在别人不知道的地方比平时更严格地要求自己吧。）
>
> ——《中庸》第三十三章

儒家思想认为，君子施行德行的最高境界就是无声无息、潜移默化。就像鱼儿藏在水底，只要水流清澈，仍然可以清楚地看见。所以，君子修养品行，需要不断地反省自己，让“水流”保持清澈，在平日的一言一行中力求做到无愧于心，无愧于天地。所以，孔子便说：“君子之所不可及者，其唯人之所不见乎？”一个真正的被人所尊敬的君子，之所以受到他人的尊敬，就是因为君子比别人更严格要求自己，并在潜移默化中影响着身边的人。

君子之所以为君子，不因为他是有权势有财富的人，关键是他的世界观和价值观。仁者爱人，爱是内涵，善是核心，有爱有善，相互尊重，才使君子能在潜移默化中感化他人，受到他人的敬重。

自私是人的通病，但是君子的可贵之处就在于能为他人着想，凡事不过分追求自己的利益，而是追求“你好我好大家都好”的双赢境界，君子以其善心而赢得别人的尊重。

善念是君子施行仁德时的催化剂，是让他人受到感化的良媒，也是洗涤自身心灵的“吸尘器”。

上海有一位非常知名的出租车司机，他叫孙宝清，在他的身上，曾经发

生了一个非常传奇的故事。1983 年，孙宝清从扬州来到上海打拼，十二年后成为一名出租车司机。而就在短短几年后，他竟然从一名普通的出租车司机一跃成为国际金融巨头高管的专职司机，那么，他是怎么有这样一个传奇的转变的呢？

2003 年的一天傍晚，孙宝清来到浦东，刚停好车，便上来一位客人，客人边看表边神情焦急地对孙宝清说要去浦西的海鸥饭店。刚行驶了一段路程，客人又突然要他把车开回去。孙宝清问他原因，这位客人说出门前换了条裤子，钱包忘带了。

此时车子已经进了隧道，根本就没办法掉头。看着有些着急的客人，孙宝清表示可以免费送他到目的地。他还安慰这位客人：“不用担心，人总有忘事的时候，我也有过，人之常情嘛！别放在心上，下次注意就是了。”就这样，他和这位客人聊了起来，也清楚了这位客人刚到上海不久，这次正要去参加一个朋友的聚会。

车到达目的地时，车的计价器显示为 17 元。孙宝清却悄悄地把计价器的牌子翻过来，变成了“0”。随后，他取出 3 张共计 30 元的乘车票递给这位客人：“你回去时，可以坐我们公司的车，用这个付费。”那位客人收下了票，连声道谢后匆匆离去。

事情过去后，孙宝清并没有把这个事情放在心上，可是没想到两天后，孙宝清竟然从公司拿到了客人还给他的总计 47 元的车费，并接到了那位客人的秘书的电话，问他是否愿意去纽约银行上海分行做这位名叫龚天益的客人的司机。

就这样，孙宝清非常传奇地由出租车司机摇身一变，成为一名外企员工。当年，各大媒体都对此事进行了报道，上海的街头巷尾也议论纷纷。

后来，有人问龚天益为什么要选孙宝清？龚天益笑着说：“理由很简单，他那颗体恤、爱护他人的心，深深地打动了我。他知道我没带钱包，一直宽慰我；明明 20 元乘车票就够了，他考虑我会有其他事情，给了我 30 元。银行业也是服务业，要以顾客为本，我认为他是服务业的楷模，因此我选择他。”

【解密《中庸》】

同样是人，有的人一生波澜不惊，有的人一生波澜壮阔；有的人被人所不齿，有的人被人所尊重。正是一颗善良的心，一种“爱人者，人恒爱之；敬人者，人恒敬之”的理念，才使人分出了九等，有了君子与小人的区别。与人为善，便是君子。一颗善心，不仅能洗涤自己的心灵，也能感化他人；不仅能赢得自己的成功，也能换得他人的尊敬。

第六章
以和为贵，正直但不清高

解读《中庸》中的性格密码

一个人的性格决定了他言语及行动的风格，也影响了他做事及处世的效果：慢性子的人总是给人不紧不慢的感觉，而急性子的人则永远都是风风火火；性格温和的人让人有如沐春风的舒畅，性格暴躁的人只会让人想远远躲开。因此，想要凡事做到尽善尽美，首先必须完善自己的性格。

要完善性格，第一点就是不能自视清高。《中庸》中说：“道不远人。人之为道而远人，不可以为道。”人是离不开他人和社会的，如果你自视清高，那么最终只能孤芳自赏，不被他人接受。而那些能在人际交往中游刃有余的人，从来都不是自视清高的人。

自视清高只会使自己陷入孤立无援的境地

道不远人。人之为道而远人，不可以为道。（中庸之道是离人不远的，假使有人遵行中庸之道而远离人群，那就不可以称之为道了。）

——《中庸》第十三章

《中庸》告诫人们，中庸之道离人们并不遥远，它就在我们的日常生活中。如果有人为了奉行中庸之道而远离人群，这就违背了中庸之道的本意。一个聪明的人，会把自己放在人群当中，谨慎处世，言行节制，不处处都当出头鸟，自视甚高。反之，一定会遭到他人的嫉恨和非议，若遇到困难往往会陷入孤立无援的境地。所以，为人处世，有些时候还是谦虚一些、忍让一些为好。别把自己看得有多么优秀，不把别人放在眼里，要看清自己的位置，把“分内事”做好，这便能圆满地奉行中庸之道。

阳子居有一天去徐州，碰巧遇到了正要西去秦国的老子。郊外相逢，阳子居自以为很有学问，自视清高，便不把老子放在眼里，态度上显得很傲慢。老子见阳子居如此态度，深感惋惜，并当面批评他：“以前我还认为你是一个可以成大器的人，现在看来已经不可教诲啦。”

阳子居听到老子的话，心里很不舒服，后悔当时的态度不应该那么傲慢。老子也很失望，回到旅店后，阳子居觉得自己可以做得自然一些，要有一个敬重长者的态度，对老子也要显得恭敬一些。于是他跟随老子一起回到旅店，主动给老子拿梳洗的工具，把老子脱下的鞋子放在门外，然后膝行到老子面前，谦虚地说：“学生刚才想请教老师，老师要行路没有空闲，因此不便说话。现在老师有空了，请您指教我为人处世中的过失。”

老子说道：“你好好想想，刚才你的态度那么傲慢，表情那么庄严，一

言一行又那么矜持造作，眼睛里什么都没有，一副自视甚高的模样，有谁愿意和你相处呢？人，没有他人围绕，行吗？所以你要懂得，最洁白的东西给人感觉总有些污秽，德行高尚的人总认为自己远没做到十全十美，学问虽然渊博了，但是在许多方面他是不行的。知道自己不行，你才能看清自己真正的方向。如果眼睛只看到自己行的地方，实际上，你有很多地方都没明白。”

阳子居听完老子的话，脸上浮出惭愧的神色，谦虚地说：“老师的教导使我明白了做人的真正道理。”

阳子居明白这些之后，便开始身体力行地去做。起初，阳子居在去徐州的路上，旅店的客人恭敬地迎接他，住店时，男老板为他摆座位，女老板为他送手巾，大家也都给他让出好的座位。虽然人们表面上都很敬重他，但心里却很不舒服。后来，阳子居在接受老子的教导后，态度变得随和了，为人也开始谦虚起来。回家途中，再入住旅店的时候，人们都愿意和他交谈，彼此相处得很愉快。

英国作家莎士比亚曾说过：“一个骄傲的人，结果总是在骄傲里毁灭了自己。”为人处世万不可骄傲自满，自视清高，这样做除了得到他人的嫉妒和非议以外，得不到一点益处。唯有保持谦逊的态度，与人为善，方能得到他人的拥护和爱戴，所谓“满招损，谦受益”，指的正是如此。

【解密《中庸》】

学会谦虚，学会忍让，学会把自己深藏进人群中，在平时的为人处世中保持谦虚谨慎的态度、不骄不躁的作风，虽然未必能成为一个人所爱戴的君子，但最起码，能够远离生活中的一些灾难和烦恼。

可以果断，但不可以武断

事前定则不困，行前定则不疚，道前定则不穷。（做事有准备就不会遇到困难，行动有所准备就不会懊悔，讲道理有准备就不会理屈词穷。）

——《中庸》第二十章

“事前定则不困，行前定则不疚，道前定则不穷。”出自《中庸》问政篇，这几句话是对“凡事豫则立，不豫则废”的补充和展开。意思很好理解，就是在做事时一定要有准备才不会遇到困难，行动之前计划好便不会懊悔，与人讲道理时有所准备，就不会在辩论中因理屈词穷而下不来台。

在春秋战国时期，春申君是一个比较知名的人物。他最早侍奉楚顷襄王。顷襄王认为他有口才，便让他出使秦国。当时秦昭王已经命令白起同韩国、魏国一起进攻楚国，只是没有发兵而已。春申君便于这时来到秦国，又恰巧听到了秦国的这个计划。值此危机之际，他果断上书，劝说秦昭王不要发兵攻楚，并劝说秦楚盟约结为友好国家。

春申君的果断作为使楚国避免了一场祸事，在与秦国订了盟约后，他返回楚国，并依约派太子完和自己到秦国作人质。秦国把他们扣留了多年，后来楚顷襄王病倒，太子却不能回去，这对楚国政权来说是一个大患。春申君得知这个消息后，再一次果断决定，让楚太子扮成楚国使臣的车夫，顺利回到楚国。而春申君自己则在客馆里留守，秦国有人来找楚太子，他便总是推托太子有病，谢绝会客。

他估计太子走远以后，便亲自进宫面见秦昭王，报告楚国太子已经回国了。秦昭王大为恼火，不过，为了表示对楚国的友好，秦昭王最终没有杀掉

春申君，还把他礼送回楚国。春申君回到楚国后不久，楚顷襄王去世，太子完立为楚王，这便是楚考烈王。

考烈王元年，春申君被任命为宰相，从此，在宰相任上手掌大权长达二十多年。这就是司马迁所说的“春申君之说秦昭王，及出身遣楚太子归，何其智之明也”的故事。

“当断不断，必受其乱”。做人做事，就要速战速决，不能拖拖拉拉，只有果断做事，才能在社会竞争中独占鳌头，取得优秀的成绩。当然，在日常生活中，大多数人在面临人生的抉择时，往往不能立刻决定下来，因为不同的选择意味着不同的结果，所以很多人需要经过仔细的思考才能最终立下决心。这种做法是明智的，但如果思考过度，就会陷入迷茫当中，影响自己做出正确的抉择；而如果未经思考，便贸然地武断决定，往往会使人犯下懊悔终生的错误。所以，做事果断，也需要经过认真的思考，而主意一定，立刻执行，千万不要拖拖拉拉。

史载，郑桓公谋取郐地，预先制订了一套战略计划。首先，他暗中使人详细了解了郐国有才能、勇猛果敢的智慧之士，把他们的名字记下来；然后，又选择了郐国贤德能干的大臣，也把他们的官职爵位及姓名记录下来；再分别给他们任命相应的官职与爵位。

做好了一切准备后，郑桓公便在城门外设立祭坛向天盟誓，并将这份名单埋在下面，然后郑桓公派出使者向郐国送去战书。郐国君主因此怀疑将发生内乱，便全部捕杀了这些贤良能干的大臣和可用的智谋之士。

这时，郑桓公率军袭击郐国，很快便灭掉了该国。

如此轻易地灭掉郐国，郑桓公的计谋是一方面，另一方面则是郐国的君主没有经过仔细的调查，便武断地捕杀了那些能人志士，最终使自己临到战前无人可用，被郑国不费吹灰之力地打败。可见，武断地妄下决定很容易犯下大错，为人处世也应尽量避免这种情况的出现。凡事都要想一想，孔子说的“三思而后行”，就是告诫人们做事不要武断地决定，要仔细考虑清楚后再去执行。

【解密《中庸》】

人生在世，这一辈子大多数时间都在处理这样那样的事，很多事情都能影响到我们的未来。因此，在做决定的时候，一定要考虑清楚，这样的抉择到底对自己的人生有没有益处，想好之后，便要果断地去做，不要瞻前顾后、犹豫不决。当然，如果没有经过思考便妄下决断，那就不是果断，而是武断。武断做事对人对己都没有任何益处，反而容易犯下让自己懊悔的错误，为人处世，一定要引以为戒。

好修养造就好性格

> 大哉圣人之道！洋洋乎！发育万物，峻极于天。优优大哉！（圣人之道太伟大了！弥漫着，化育世间万物，可以和上天比高。优裕广大啊！）
>
> ——《中庸》第二十七章

孔子常常教导自己的学生说：“朝闻道，夕可死矣。”意思是说一个人早晨明白了做人修养的道理，就是到了晚上死也是值得的。可见孔子对一个人的修养的重视程度。《中庸》这句“大哉圣人之道！洋洋乎！发育万物，峻极于天。优优大哉”的话，对修养极尽赞美之能事，认为一个好的修养，可以化育世间万物，可以和上天比高。

在儒家思想中，君子之所以有别于芸芸众生，就在于君子都具有良好的修养，因此而来的良好的性格也帮助君子在立身处世时能够与人为善，受到他人的尊重和青睐，使人际关系达到一个中正和谐的境界。

不要觉得君子离我们很远，也不要觉得修养很难，其实，是否能成为君子，是否给他人一个良好的修养的印象，就蕴含在我们身边许许多多的小事中。

曾有这样一个故事：李光是北京一个名牌大学的应届毕业生，他的专业是英文，他认为无论听、说、读、写都是非常简单的事。再加上平常为人处世谦逊亲和，品德优秀，所以周围的人都认为他是一个有才华、有修养的好学生，能找到一份称心的工作。

他对自己的英文很有把握，所以便寄了很多英文简历给外资公司，在他看来，英文人才是就业市场中的绩优股，肯定人人都会抢着要。然而，一个礼拜接着一个礼拜过去了，李光投出去的简历犹如石沉大海般，一点回信都没有。

李光身边的朋友都开始陆陆续续地找到了工作，只有他依然在等着面试通知，李光开始着急了。后来有几家公司打电话让李光去面试。但因各种问题，双方未达成一致。这天，李光去一家在业内较有名的外资公司应聘，与他同时应聘的，还有一些名校的毕业生。当李光结束面试，正要走出那间会议室时，他见有张 A4 纸被风吹落在地，便俯身将其捡起来，放到办公桌上。本以为有几个实力较强的人与自己同时应聘，这次面试跟前几次一样不了了之，哪成想，下午的时候，李光就接到了那家公司的电话，通知他择日可以去上班。参加工作以后的一个偶然机会中，当时负责招聘的领导对李光说："你知道为什么我们选中你吗？因为当时在应聘者中，唯有你将地上的纸拾了起来，其他的人都对其视而不见。这个举动虽小，却能体现你的人格修养。"

如果没有良好的修养，或许很多人也会在那次应聘中落选。只有像李光那样，随时随地体现自己的良好修养，才能在众人中脱颖而出，让人高看一眼。

生活中，处处都能体现出一个人的修养，而一个人的修养是好是坏，又决定了这个人的性格好坏，最后，一个人的性格好坏，又决定了这个人是否受到他人的尊敬和欢迎，为人处世是否能中正和谐。

相传，曾国藩在选下人时非常注意观察对方举手投足等不被人重视的细节。他认为这些细节能够体现出一个人的修养好坏，并看出对方是否是个好性格的人，能否把事情做好。为此，他总结出通过人的举手投足而观人识人的九种方法，并总结说"中和之才最为贵"。"中和"既包含了中庸之意，也含有教养之意。在曾国藩看来，具有这种"中和"品质的人，心性平和，为人处世稳重，让人信赖，有王者风范而无霸王之气。

【解密《中庸》】

一个人是否具有较高的修养，总会从神态形色或举手投足上表现出来，修养的好坏，也决定了性格的好坏。要想用中庸之道行事，一个良好的修养，以及良好的性格是非常重要的因素。唯有修养到位，才能心性平和，为人处世才能值得他人信赖，由此，生活无忧矣！

你的性格展示了你的风格

《诗》云:“相在尔室，尚不愧于屋漏。”故君子不动而敬，不言而信。(《诗经》说:“即使你在自己的房间内，也不应该在阴暗的角落里起不好的念头。”所以君子没行动时仍然表现出恭敬的态度，没有说话时仍然表现出信任的态度。)

——《中庸》第三十三章

《中庸》的最后一章，通过大段《诗经》的描述，形容了君子之道的内涵。其中，“相在尔室，尚不愧于屋漏”，故君子不动而敬，不言而信。说明了君子即使在自己的家中，也不会在阴暗的角落里生出不好的念头，所以君子的一言一行，表现出来的修养风度，都会使人敬重、信赖。

从心理学的角度来讲，一个人有什么样的性格，其修养就会表现出什么样的特质，同时，在为人处世时，也会表现出一定的处世风格，这也是一种“表里如一”的人生态度。

宋朝时期，有个叫韩琦的人，官至宰相，是一人之下、万人之上的掌权者。他在这个位高权重的位置上，为人处世却宽厚仁德，深受同僚下属的敬重和爱戴。而这与他的性格是分不开的。

有一次，韩琦在夜里办公，一个侍卫拿着蜡烛为他照明，一不小心，蜡烛烧着了韩琦鬓角的头发。侍卫惊恐，以为会受到惩罚。然而韩琦并没有说什么，只是用袖子蹭了蹭，又低头写字。

过了一会儿，韩琦偶然间抬起头，意外地发现拿蜡烛的侍卫换了人，韩琦怕主管侍卫的长官鞭打那个侍卫，就赶快把他们招来，当着他们的面说：“不要替换他，因为他已经懂得怎么样拿蜡烛了。”

这件事情传开后，军中上下无不感动敬服。

其实正常来说，侍卫给统帅拿蜡烛照明时走神，甚至烧着了统帅的头发，本身就是一种严重的失职，理应受到惩罚，而统帅责备几句也是应该的。但是韩琦不但没有作声，还担心那个侍卫因此而受到责罚。这种处世方式是与他宽厚仁德的性格分不开的，也利于士兵改正缺点、尽职尽责，对他统驭军队更有很大帮助。

韩琦镇守大名府时，曾有人进献给他两只玉杯，这两只玉杯毫无瑕疵，可谓是稀世珍宝。韩琦得到它们后非常喜爱，每次大宴宾客时，总要专设一桌，铺上锦缎，将两只玉杯放在上面，以供观赏把玩。意外的是，在一次宴会中，有位官吏在劝酒时不小心将这玉杯碰到地上摔碎了，当时这个官吏就傻了，趴在地上不停地叩头，请求治罪。

韩琦面对这样的情况，丝毫没有动容，反而笑着说道："大凡珍宝，是成是毁，都有一定的命数，该有时它来了，该坏时它也保不住。"说完又转过脸对趴在地上的官吏说："你偶然失手，并非故意，又有什么罪呢？"这番话说的十分精彩，众人听到后无不鼓掌，对韩琦这样宽厚的处世作风给予最真诚的敬意。

后人评价韩琦时说："韩琦器量过人，生性淳朴而宽厚，不计较繁琐小事。功劳天下无人能出其右，官至一人之下、万人之上的巅峰，却不见他沾沾自喜；常在官场中周旋，也不见他忧心忡忡。不管在什么情况下，他都能做到泰然处之，一生不曾弄虚作假。在为人处世上，被重用时，就立于朝堂之上，与百官公平议事；不被重用时，就回到家中享受天伦之乐，一切都出自真诚。"

韩琦一生跌宕起伏却一直立于不败之地的原因，正如他自己所说的那样："天下的事，不如意事常十之八九，一定要用平和的心态去看待这些。否则连一天都过不去。即使与小人打交道，也要以诚相待。只不过知道他是小人，就与他少来往罢了。"

【解密《中庸》】

你是什么样的性格，在平常的为人处世中就能看出来。君子行事，就要有一个君子的做派，而这个做派需要相应的性格与修养。这也是奉行中庸之道所必须要注意的，也可以说，要想成为君子，首先要从自己的性格抓起，如此，大事可定。

任性妄为只会惹人厌

文理密察，足以有别也。（文理清晰、观察缜密，足以明断是非。）

——《中庸》第三十一章

《中庸》在至圣篇中，对天下君子提出了五大标准，分别是聪明睿智、宽裕温柔、发强刚毅、齐庄中正和文理密察，这五大标准概括了君子所应具备的品质，为圣为愚就取决于自己的修行是否能满足这五个标准。

这五大标准各有其含义，其中文理密察，提出了君子处世时要观察缜密，明辨是非，是言行得以正确实施的标准。这对现代人为人处世也具有重要的指导意义，唯有看清事物的本质，明白其中的道理，才能明确自己做事的理由，使自己的一言一行都能奉行中庸之道，符合君子的标准，最终达到中正和谐的境界。

春秋战国时期，宋国只是一个小国，国力并不强盛，可它的国君宋襄公却看不到这点，这个爱慕虚名的国君可以说根本就没有自知之明，不自量力，一心想称霸诸侯，完成他盟主的美梦。

有一年，宋公主持召集会盟，郑国没有来，宋襄公恼怒之下，便以郑国轻视宋国的罪名，兴师问罪。当时楚国是郑国的保护国，听说宋襄公举兵讨伐郑国，便匆忙派兵救援。

宋襄公亲自带领宋国军队，来到泓水岸边，恰好遇到楚国军队过河，宋国司马子鱼一见这个情况，便兴奋地跑去告诉宋襄公：“国君，现在正是我们攻打楚国的好机会啊！你看，他们正在渡河，趁这个时候攻击他们，必定获胜……”

宋襄公一看，摇摇头说道："我们不能这么做，对方都没有准备好，怎么能突袭对方呢，这样做太不仁义了……"

司马子鱼一听，哭笑不得，国君真的是糊涂了。任他再怎么劝，宋襄公依然固执己见，不听劝告。等到对岸的楚军全都渡过了泓水，正忙于整理兵器时，司马子鱼又建议说："国君，趁现在他们还没有摆开阵势，我们现在攻击对方还来得及……"

宋襄公皱着眉头，不满地看着子鱼说："急什么？对方还没有摆开阵势就开打，我们不能这么做，这不合礼仪！"

有这么一个不明是非，什么都不明白的国君，战争的结局显而易见。摆好阵势的楚军在一阵响鼓敲过后，如潮水一般冲杀过来，宋国军队根本就招架不住，打了一会儿便撒腿就跑。司马子鱼护着宋襄公撤退，楚军追赶上来，一戈刺在了宋襄公的左腿上，幸亏子鱼左右掩护，才逃回军帐。

宋军大败而归，宋襄公从此再也不敢穷兵黩武了，只是躲在宫内养伤。有一天，司马子鱼进宫看望宋襄公，宋襄公到此时仍然没有看清楚问题的本质，对子鱼报怨道："我听古人说君子不伤害伤员，战争中也不抓老弱的士兵，不攻击没有准备好的敌人……"

司马子鱼听了宋襄公的蠢话，觉得好笑和无奈，耐着性子开导他说："既然我们和他们作战，双方就是敌人，我们不杀死对方，对方就要杀死我们，这是每个人都知道的常理！假如怜悯对方，可怜老弱的士兵，那我们倒不如直接投降好了，何必再打这个仗？打仗就是你死我活的事，怎么对自己有利就怎么打，还讲究什么仁义道德？国君，我看你根本就不懂得如何打仗啊！却偏偏要兴师动众，真是……"司马子鱼没有继续说下去，而宋襄公此时此刻才明白了这个道理。可惜他明白得太晚了，第二年，由于伤势加重，他含恨而终。

宋襄公的落败身死，其最根本的原因就是他根本不知道打仗是怎么回事，在旁人劝告的时候也没有听从正确的意见，任性妄为，导致这个结果也在情理之中。

【解密《中庸》】

为人处世要学会明辨是非，理智地思考自己一言一行的得失，在得失之间体悟中庸倡导的君子之道。遇人劝说时，先别急着反对，更不要任性妄为，而是要仔细思量对方的意思，尝试着理解并遵从他。一个可以接受他人意见的人，必定是一个品行优秀的人。

第七章

慎独自修，做到和谐中正

解读《中庸》中的修身要素

《中庸》认为，“修身”是一切的根本。因为不论是做人还是做事，中庸都有一套属于自己的方式，而这种方式对于每个人来说，都不是与生俱来的，都需要经过后天的修炼，所以，“修身”非常重要，但它不是目的，只是一个起跑点。

而要“修身”，就要先“修心”。因为中庸思想的主题就是教育人们慎独自修，即通过主观心性的修炼，培养高尚的个人品质，从而达到至善、至仁、至诚、至德、至圣的理想境界，为自己的人生选一条出色的跑道！

修身的至高境界就是慎独

是故君子戒慎乎其所不睹，恐惧乎其所不闻。莫见乎隐，莫显乎微，故君子慎其独也。（因此，有着高尚品德的人在没人看见的地方也会非常谨慎，在没人听见自己讲话的地方也会有所戒惧。因为愈是隐藏的地方愈是明显的，愈是细小的地方愈是显着的。）

——《中庸》第一章

慎独，谨慎的独善其身。若不谨慎，就是脱离群众，低调反成高调；若只是谨慎而无自我要求，那总有一天要阴沟里翻船，得不偿失。

孔子名丘，字仲尼，出生在公元前551年鲁国的陬邑。他从小就爱读书，又很虚心且孜孜不倦，这样他就精通了六艺，成为了鲁国远近闻名的学者。孔子还是个有思想有抱负的人，曾任鲁国的要官。可因为他在鲁国不能尽展其才华，于是就辞官不做而率众弟子周游列国，并希望找到自己的用武之地。一天，天气非常闷热，疲于奔命的孔子与众弟子们浑身冒汗，口喝得异常。此时要是有一股清凉的泉水就好了。他们赶了段路后，真是天遂人意，他们在路过一座小山时，就看见了山脚下正汩汩地涌出的一眼泉水。这下把正干渴着的人们乐坏了。众弟子们纷纷跑泉眼去喝水，又用碗盛水送来给孔子喝。就在这时，来了一个老乡，孔子便端着水向他打听这泉水的名字。老乡告诉他说：“这眼泉叫做盗泉。”孔子闻言马上把水往地上一泼，让他的弟子们继续赶路。他的弟子大惑不解，急忙问其原因。孔子说，我之所以不喝这泉水，是因为厌恶这泉水的名字。君子岂能和盗贼为伍呢？

这就是孔子不饮盗泉的典故。生存是人的本能，在那样的情况下，孔子一样克服了来自本能需求，只因为君子不与“偷盗”二字有染，哪怕是一口水。

有这么一件事：一个做视频监控的三十多岁的小老板，短短几年就成立了当地最大的视频监控公司。一次，这小老板信心满满地向员工宣布喜讯，公司马上就可以再上一个台阶。当时市交通局更换全城的道路监控，为了照顾本市企业，于是决定在全城公开招标。他是全城最大的视频公司，找他的可能性最高。因此，他向员工许诺，一旦中标，每个人都有红包。可是，过了开标时间，员工也没等到红包，这才发现沮丧二字贴满了老板的脸。这到底是为什么？公司大，应酬多，每每结束已是深夜，马路上的行人车辆都已很少，这个老板为了早点回家休息，便经常闯红灯。那天他去投标，市交通局负责人看了他的资料后当时就直接把他拒绝了，理由是“不放心”。

看起来小事一桩，影响的却是一个人的信誉，甚至包括公司。没有人会把事情交给一个没有原则没有信誉的人去做，别人也会担心，施工场地没有监视系统，你会不会偷工减料？你偷工减料了，我的乌纱帽就没了。人人都会为了自己而谨慎。

孔子口渴难耐仍不肯饮“盗泉”之水，一件小事也可名留青史；夜闯红灯的老板，丢掉了自己企业腾飞的机会。正应了“君子戒慎乎其所不睹，恐惧乎其所不闻。莫见乎隐，莫显乎微，故君子慎其独也”。慎独，听起来似乎是一种精神层面，表现出来，就是一种自我约束力。这个世界或许存在一两次的侥幸，却不存在长久的侥幸。谨慎与独善其身，唇齿相依，唇亡齿寒。

【解密《中庸》】

慎独是一种情操、一种修养、一种自律、一种坦荡、一种问心无愧。在物欲横流的现在，不管身为一介平民还是出仕为官，我们最好努力做到独善其身，追求做人最基本的价值，真实地面对自己的内心，自己让自己满意。

修身要持之以恒，一旦松懈可能前功尽弃

道也者，不可须臾离也，可离非道也。（“道”是一刻都不可以离开的东西，假如可以离开，就不是什么“道”了。）

——《中庸》第一章

老版本的《三字经》中，有这样三个字：岳刺字。这个“岳”，指的就是宋朝的抗金英雄岳飞。

岳飞的家里非常穷，所以他很小的时候就跟随母亲在田里干活。都说贫穷人家的孩子比较容易学会独立，这话不假。他在田地帮母亲干活，无论多么劳累都会坚持把农活干完，这就磨炼出他坚强的一面。年少的岳飞还非常喜欢看书，特别是关于作战的书籍，常常看到深夜才肯去睡觉。当时的北宋战乱频繁，他有一个远大的目标——长大以后做一位大将军，保卫自己的国家，帮助自己的国家不再受外强的侵略。他将自己的志向告诉了母亲，母亲因此在他的背上刺上了“精忠报国”这四个字，让他时时刻刻记住自己的志向。

岳飞长大后去参军，当了一个小兵，但他时刻记着他的志向——将军。有一次，他向队友说出了自己的志向，却招来了大伙人的嘲笑。他并不为此而气馁，仍旧坚持着自己的志向。皇天不负有心人，他的机会终于到了。一天，岳飞的小队在参加一次演练回来的路上，遇上了女真族的大队人马，并被包围了。队长在带着他们突围时牺牲了，岳飞因为在突围过程中英勇善战被破格提升为小队长。从此以后，小队长岳飞跟随着部队四处征战，不断地积累战功，最终被提升为大将军，攻打金兵。岳飞训练出了英勇善战的岳家军将金兵打得闻风丧胆。随着四处征战，北宋的失地不断地收复，岳飞的军功越来越大，已经达到了功高盖主的地步。

小人秦桧开始在朝中搬弄是非，他不断地向皇帝进谗言，以致宋高宗对岳飞产生了疑心。绍兴十一年，在岳飞抗金节节胜利之际，宋高宗终于抵挡不住秦桧的挑唆，一日之内连发十二道金牌，将在前线作战的岳飞紧急召回临安。岳飞见金牌，悲愤交加，痛心疾首地仰天长叹："十多年来的用功，就毁在了这里！所有收复的都郡，有一天也会重新被攻占！"就在同年十一月，宋朝廷以"莫须有"的罪名，将岳飞、岳云父子绞死于风波亭上。一代名将就这样，因为宋高祖的疑心，死在了小人挑唆的谗言之中。

在世人的评价当中，岳飞死得太冤，究其原因是他太过忠诚。其实，他在抗金节节胜利之际是完全可以不理会高宗的十二金牌，毕竟，"将在外，君命有所不受"；如果他拒绝了宋高宗召回的命令，那么宋朝的命运又将可能是另一番局面。而他完全可以在趁胜之际，将金兵赶出自己的国家，甚至攻打金国后回去向宋高宗请罪。到那时，相信宋高宗也不会太过于没人性地去斩杀一个有功之臣。这样一来他不但坚持了自己自小以来的志向，而且也将宋朝命运带入了另番局面。但就因为一句"食君之禄，忠君之事"，他放弃了自己的坚持，放弃了自己一直以来的理想，十多年来的努力也就此毁于一旦。

我们总有遇到身不由己的时候，但这些都不是放弃的理由。坚持不是冒进，不是速成，而是时刻牢记着、时刻提醒着自己，哪怕走一些弯路，也绝不放弃。

【解密《中庸》】

倘若你有一个远大的志向，那么这将是非常好的一件事。但你必须时刻坚持着向自己的远大抱负行进，直到成功的彼岸。

修身不是最终目的，而是基础

哀公问政。子曰："文武之政，布在方策。其人存，则其政举；其人亡，则其政息。人道敏政，地道敏树。夫政也者，蒲卢也。故为政在人，取人以身，修身以道，修道以仁。仁者，人也，亲亲为大；义者，宜也，尊贤为大。亲亲之杀，尊贤之等。礼所生也。在下位不获乎上，民不可得而治矣。故君子不可以不修身。"（鲁哀公向孔子询问政事。孔子就说："周文王、周武王的政绩都记载在了典籍上了。他们在世时，他们所行的政就在实施；他们去世了，他们所行的政也就废弃了。统治人的途径只有统治者勤于政，统治一个地方的途径只有多种树木。说透了，政事就和芦苇一样，完全取决于统治者用什么人。统治者要想得到自己适用的人来行政是要靠自己的修养，而统治者要修养自己就在于自己能否遵循大道，而统治者所要遵循的大道就是自己要从仁义做起。仁既爱人，而亲爱亲族是仁中最大的仁。义就是事事做得恰到好处，尊重贤能才是最大的义。所以说亲爱亲族要分亲疏，尊重贤人也要分等级，而这就是所谓礼的要求。因此，作为君主不能不修养自己啊。"）

——《中庸》第二十章

什么是基础？它是事物发展的根本。或许有人会认为学好了基础之后就必定是"种瓜得瓜，种豆得豆"。事实未必是这样。修身只是打好一个基础，那么，打好基础是为了什么？不管是为了实现梦想，还是为了活得更好，或者是其他的什么，从根本上来说，基础的作用都是帮助自己相信自己的选择，完善自身的缺陷，让人从内而外地散发出一种魅力。归根结底，就四个字："人心所向"。

隋朝末年，杨广弑杀其父隋文帝杨坚，旋即称帝。称帝后，他荒淫、冷酷的本性显露无遗，每日大吃大喝，杯不离口，放浪形骸，靠残暴地压榨老百姓来满足自己的奢靡无度。

公元605年，杨广任命宇文恺负责重新营建东都洛阳。这个浩大的工程，每个月都需要在全国征用上百万的民夫，奇材异石无数，很多民工因此而劳累至死。后来，为了更好地行乐，他下令于洛阳西郊修建西苑。西苑工程刚一结束，他又征调一百多万民夫挖掘大运河，不仅如此，还要求运河岸上每两驿设置一座斋宫，供他休息使用。从洛阳至江都，他一共设了40余座斋宫。运河工程完成的时候，征调的民夫便死去了2/3。验收大运河工程时，杨广用一丈二尺长的铁脚木鹅从上游放下，顺流而行，如果停住了，他就说水浅。不幸的是，铁鹅没走多远就在运河中停了100多处，他一声令下就将负责这一段的官吏和民夫5万多人全给活埋了。

杨广游玩江都的时候，坐的船首尾相接有200多里长，用了几万个纤夫。别人在下面卖命拉纤，他在船上纵情作乐，这都不说了，两岸还有骑兵护送，那叫一个奢侈。大船路过的地方，百姓还必须进献食品，此举闹得无数人倾家荡产。送上船的美味珍馐多得吃不完，杨广就让人开船时在岸边随便挖个坑给埋了。这样的残暴、奢侈，让他渐渐失去了民心，最后在江都被宇文化及吊死了。

隋灭之后就是唐朝，唐朝最出名的一个皇帝，莫过于唐太宗李世民。

公元626年，玄武门之变后李世民即位，改元贞观。他亲自参加了推翻杨广的斗争，亲眼见证了隋王朝灭亡的经过，深知国家的基础——“民心”的重要性。他常常告诫儿子说：“做一个皇帝，按正道办事，那么百姓就会拥护他，如果与其相反，百姓就会推翻他；百姓就好比水，皇帝正如是船，水能载船，也能翻船。”他积极地听取群臣的意见、努力学习文治天下，尽量以理服人。有一次，他告诉魏征：未满18岁的男子，身材高大的，可以入伍。但过了好几天都不见诏书公布，催了魏征好几次，魏征还是不发。他大为光火，训斥道：“那些健壮的男子入军的事情，怎么还不公布？”魏征说：“把湖水弄干来捉鱼，虽能多捕到鱼，但以后就没鱼了；森林烧光捕猎，能抓到很多动物，但以后就没有多少猎物了；如果将那些身强力壮未满18

岁的男子用去征兵，以后还从哪里征？以后怎么对百姓交代？”李世民听后，沉吟半晌，承认是自己思虑不周。

杨广荒淫无度，不理朝政，残暴地压榨百姓以满足自己的私欲，不修养自己，废弃治理国家的根本，最终黯然收场；李世民深知国之基础的重要性，事事以民为本，终于一手开辟了名留青史的大唐盛世“贞观之治”。

【解密《中庸》】

基础是修身最根本的东西。虽不一定修大师之标准而成就大师，但倘若基础够扎实，毅力够坚韧，虽做不成大师，也能做个小师，此生足够了。

修身是一个不断充实自己的过程

思修身，不可以不事亲；思事亲，不可以不知人；思知人，不可以不知天。（君子要学习修养自己，就不能不侍奉自己的亲族；要侍奉自己的亲族，就不能不了解他人；要要了解他人，就不能不知道天地之理。）

——《中庸》第二十章

相信大家都听说过释迦牟尼这个人，他是佛教的创始人。而他成佛的过程却鲜为人知。

未出家之前的释迦牟尼名乔达摩·悉达多，是古印度北部迦毗罗卫国的太子，过着优裕而舒适的宫廷生活，17岁娶妻，还有一个儿子。有一年，他从迦毗罗卫国城的四个城门出游，遇到了四件事，还有一个沙门（出家修道者）。从东门出去，他看见一个弯腰驼背、手扶竹杖、像蚂蚁一样蹒跚而行的老人，不由得感到人生是那么无常，给人带来的痛苦是那么沉重，顿时心生忧郁；从南门出游，他看到一个面色焦黄、形容枯槁、气喘呻吟、痛苦万状的病人，他又开始怜悯病人，心生忧郁；西门出游，他看到一个死人，都已经发臭了，一家老小号啕大哭着为逝去的亲人送行，他又心生忧郁；从北门出游，他看见一个修行人，仪表不俗。他觉得很奇怪，就上前请教。修士告诉他修行是为了解脱，解脱人生老病死的无常。他听后，决心弃绝富贵享乐，进行修行，好脱离"老"、"病"、"死"、"苦"的折磨。在一个夜深人静的夜晚，待妻儿熟睡之后，他悄然地离开了他生活了19年的宫廷，开始了修行之路。

悉达多离家后，剃发出家，用华丽的服饰跟森林打猎的猎人换取了粗布麻衣，开始苦修，但他对修行之道仍感到迷惑。于是他找了很多老师，希望能得到一个确切的方法，好早日脱离苦海。他看见那些苦修的人，都是用

草编衣服，或者禁食，或者单腿站立，或者在泥地荆棘上坐卧，还有对着太阳月亮祈求的，对着水火祈求的，他就跟着一起做，希望苦难能够增加自己对道的领悟。刚开始的时候这些方式确实有效，但慢慢地他发觉自己到了瓶颈，不管再怎么自虐，都没法让他再有提升。后来，乌陀迦罗摩教教会他静坐，阿罗逻迦罗摩教教会他言行一致，乌陀迦罗摩教告诉他一种难以理解的四不像状态。他找了个山洞，认真地坐下了，以为这样就能求证佛法。好几年过去了，他发现这样做根本就是无用功，于是他开始常在各种各样的环境里静坐。看着掉落的树叶，也能发一天的呆，坐在树下，蚂蚁、蚊子来了他也不躲，刮风下雨他也不避。他相信这些来自大自然的东西，一定可以给他大自然的力量。直到有一天，他开窍了，明白了人从人世间来的，这样脱离人世是没有用的，从何处来就要回何处去。所以他又回去了，入世了。

这次，他去体会各种喜怒哀乐和悲欢离合，看了很多生老病死、世态炎凉，一边看着，一边对照着印证自己的想法。一直到他觉得，所有的情感都经历过了，该好好整理一下时，他就找了个菩提树，坐在树下开始打坐。四十八天后，悉达多终于证得菩提心，修得菩提果。

他长达十九年的证道时光，在世、出世、入世、再出世，是浪费吗？很显然不是，不怕重复，就怕是没长进的重复，从高高在上到平凡，到自虐，再到得证果位，这其中的起起落落，磨炼的除了身体，更多的是心性。从王子到苦修士，这需要多大的勇气和决心？发现自己错了，就改正，从不因为自己已经花了很多时间，就舍不得放弃，就不愿意修整自己。

正所谓：思修身，不可以不事亲；思事亲，不可以不知人；思知人，不可以不知天。反之亦然。

【解密《中庸》】

做任何事情，过程尤为重要。它是通过观察、学习的一段经历，而经历则会不断地改变自己、完善自己、修养自己，最终让人成长起来。

自我修养与智、仁、勇

子曰："好学近乎知，力行近乎仁，知耻近乎勇。知斯三者，则知所以修身；知所以修身，则知所以治人；知所以治人，则知所以治天下国家矣。"（孔子说："人只要喜欢学习就接近了智慧，努力实行自己良好的想法就接近了仁，知道了什么是羞耻就接近了勇。知道了这三点，他就会明白如何去修养自己，知道了如何去修养自己，他就明白了如何管理他人，明白了如何管理他人，就明白了如何治理天下和国家。）

——《中庸》第二十章

战国时期，楚国有一奇人——"鬼谷子"。鬼谷子博学多才，除苏秦、张仪外，他还有两个学生，就是后来分别投靠齐、魏，又屡在战场上为敌对阵的孙膑和庞涓。

孙膑是大军事家孙武（孙子）的后代，年轻的时候就投在鬼谷子门下学习兵法，他和庞涓是同学。因为孙膑天资聪慧，又善动脑，悟性极强，所以他对鬼谷子所教的东西常能做到举一反三。作为孙武的后代，孙膑常会结合史书上所记载的战例去理解鬼谷子的讲授，这样他的学业长进出人意料的快，老师鬼谷子经常会表扬他。可他的同学庞涓，则是个骄傲自负且心胸狭窄的人。庞涓虽也很聪慧，学习却不怎么用心，经常浅尝辄止。他刚入门，就觉得自己已经学到了鬼谷子的本领。他还嫉妒孙膑。有一年，当庞涓听到魏国国君魏惠王以优厚待遇招求天下贤才时，他再也耐不住深山学艺的艰苦与寂寞了，决定下山为自己谋求富贵。临行前他对孙膑说："我们弟兄有八拜之交，且情同手足。这一去，假如能获得魏国重用，我一定会回来迎接孙兄，我们再一起共同建功立业，这样也不枉我们来人世一回了。"

庞涓到了魏国后，就拜见了魏王。魏王便向他咨以治国安邦、统兵打仗的策略。庞涓倾其胸中所有，滔滔不绝地和魏王讲了很长时间，并向魏王保证:“要是您用我为大将，那么其他六国就可以在我的掌控之中，我便可以随心所欲地统兵横行天下，每战必胜，每攻必克，这么一来魏国就必成为霸主，而最后兼并他们！”魏王听后很是兴奋，马上就命他为上将军，执掌魏国的兵权。上任不久，庞涓便派军队侵入魏国周围的诸侯小国。那时，他是每战必胜，每攻必克，而且还打败了当时强大的齐国军队！而孙膑在这期间还在山中跟随鬼谷子学习。

有一天，山下突然来了个魏国大臣，说是代魏王来迎接孙膑下山。孙膑认为是庞涓以魏王的名义请他出山共创大业，因此很高兴。孙膑到了魏国马上拜见庞涓。庞涓表面对他的到来表示欢迎，还留他住在自己的府中，可心里是不安和不快的，因为他害怕孙膑抢夺他独尊独霸的位置。再加之他清楚在自己下山后，孙膑经鬼谷子先生教诲学问、才能更是高于从前，于是越加嫉妒了。经他周密谋划后将孙膑处以膑刑。孙膑受刑后，囚禁于别室，他一边养伤，一边寻找逃回齐国的机会。

后来，当齐国的使者来到魏国，孙膑看到机会难得，就买通看守的兵卒传出密信，要齐国使者和自己见上一面。见面后说明了事情的原委，并求使者帮自己逃离魏国。使者很同情孙膑的遭遇，也非常看重这个不可多得的军事天才，就将孙膑藏于自己的车中载回了齐国。孙膑到齐国后，马上就被齐将田忌奉为上宾。齐威王每问到用兵之道时，孙膑都应对如流。齐威王大喜，立即就任命孙膑为军师。就这样，孙膑与庞涓各掌一国的兵权，成了战场上的死对头。

孙膑对庞涓给自己的伤害，仇恨如同附骨之蛆，刻骨难忘，一定要杀了庞涓才能解除他心里的郁闷。公元前 342 年，孙膑灭庞涓于马陵。

庞涓虽有雄才大略，可心胸狭窄、妒才嫉贤；虽然野心勃勃，却是好高骛远。结果害人害己。孙膑虽淡泊名利，但卓然出世，最后还是被同门师兄伤害背叛，这是他最无法原谅忘怀的。孙膑墓前有一首诗是这样的：寻师陌路入一门，争功骨肉自相拼。历尽人间纷争事，化作檀树警后人。

【解密《中庸》】

晚年孙膑深居简出，潜心于军事理论的研究和著述，那些过往，早成云烟；庞涓死时又何尝没有后悔过？爱之深、恨之切，我们的生活虽然没有孙膑和庞涓这么戏剧化，但一样有极端的感情，要是昏了头，最后不免悔之晚矣。

修身难免有走错路的时候

子曰："道其不行矣夫！"（孔子说："此道路大概不行了。"）

——《中庸》第五章

我们刚开始修养自己的时候，方向是对的，但在过程中可能会不知不觉地走上了一条偏路，最终走上了一条死路。当你意识到这条路大概不行的时候，你就必须先停下来自我反省一下，看看问题到底出在哪里，及时找出问题点，然后将它改正过来，重新设定好正确的方向，继续走下去。或许，有些人早已意识到自己走上了一条死路，但就是不愿意停下来冷静地反省一下自己，可能是觉得一路走来付出了太多，因此跟死路一味地死磕到底。那么最终这样死磕死路的人会有怎么样的结局？我们来看下面的例子：

项羽年少的时候，志向非常远大。他的叔父项梁请人教他书法诗歌，他学了一段时间就不学了；之后，项梁又请人教他习武，他学了一段时间又不学了；项梁为此大怒，项羽见状便说："学文的目的不过是为了认识自己的名字，学武不过是为了以一敌百，我要学的却是以一敌万的本领啊！"于是，项梁便教授他兵法。

有一次，秦始皇出巡游江的时候，项羽看到秦始皇的车马列队威风凛凛的样子，便对在他身旁的叔父说道："我有一天一定可以取代他！"秦二世元年，他终于等到了抛头露角的机会。那年，陈胜、吴广在大泽乡揭竿起义，项羽跟随他的叔父在吴中刺杀了太守殷通举兵响应。在这一次战役中项羽大展神威，独自一人斩杀了一百来个士兵，成功实现他目标的第一步。紧接着是"雍丘之战"。他在这次战役中斩杀了秦三川郡守李由，大败秦军。"巨鹿之战"中他破釜沉舟，大振士气，将秦军打得落花流水，让自己的实力上升了一个台阶。随后出现一场世界战争史上空前绝后的以少胜多的战

役——彭城之战，项羽以 3 万兵力对刘邦的 56 万兵力，最终打败汉军。

或许是因为项羽的实力越来越大，自信心膨胀，对刘邦太过轻视，以至于最终走上了一条不归路。鸿门宴的时候，项羽本可以将刘邦杀掉，却错失了这样一个大好机会。他的叔父为此惋惜，他却觉得刘邦不足为虑。他给予了敌人慈悲，不知不觉把自己推向了绝路。

“垓下之战”中项羽被刘邦逼到穷途末路，他的部下奉劝他退回江东再聚兵力，东山再起。他不听，决心死战到底。他战败回营，被汉军重重围困其中，四面响起楚歌，勾起了楚军的思乡情怀，很多楚军陆续向汉军投降。他在军帐里对着虞姬唱道：“力拔山兮气盖世，时不利兮骓不逝，骓不逝兮可奈何？虞兮虞兮奈若何！”虞姬听罢，自杀于项羽的面前。项羽为此开始突围，他带着所剩不多的兵力边战边退，最终退到了乌江。此时，汉军已经追了上来，项羽则只剩下 28 骑。乌江的亭长停船岸边，对项羽说：“江东虽然小，方圆也有千里，百姓数十万，也足以称王，愿大王赶快渡江。”项羽听后，觉得愧对江东父老，自刎而死！一代英雄人物就这样以悲情的色彩收场，实在是让人扼腕长叹！

项羽的可悲在于意识到自己走错了路而死要面子地不知悔改；在于他的自信心膨胀出了自大，轻视了刘邦；在于他不敢面对江东父老，以逃避的方式结束自己的生命。倘若他能改正自己的错误，回到江东东山再起，那么楚汉之争的胜利者也未必是刘邦！

【解密《中庸》】

修养自己的时候，一旦途中出现了错误，就必须先停下来冷静地反思，将自己的错误纠正过来，继续走下去。

积土成山，积善成德

今夫天，斯昭昭之多，及其无穷也，日月星辰系焉，万物覆焉。今夫地，一撮土之多，及其广厚，载华岳而不重，振河海而不泄，万物载焉。今夫山，一卷石之多，及其广大，草木生之，禽兽居之，宝藏兴焉。今夫水，一勺之多，及其不测，鼋鼍蛟龙鱼鳖生焉，货财殖焉。（现今看到的天，开始它只有小小一点光明，待到它成为无边无际的天，那么日月星辰都悬系在上面，世间万物也都被它覆盖。现今看到的地，开始它只有一小撮土那样大，待到它成为广博深厚的地，那么负载华山那样的山也不会觉沉重，它汇聚河海而不泄漏，世上的万物都被它自己承载。现今看到的山，开始它只有一小块石头那样大，待到它成为广阔高峻的山，草木花卉就生长在上面，飞禽走兽就会居住在上面，金银和宝藏也会从这开发出来。现今看到的水，开始它只有一小勺那样多，待到它聚合成深广难测的水，鼋、鼍、蛟、鳖都会生活在里面，各种物产资财也将会繁殖在其中。）

——《中庸》第二十六章

物理学家牛顿，这个家喻户晓的科学家，相信每个人都会知道他的成就。牛顿小时候家里很穷，他的父亲因病早逝，只剩下他和母亲相依为命，在一个偏僻农村里过着清苦的生活。十四岁那年由于家里实在凑不出学费，牛顿退学了。退学以后，他并没有因此而终止自己对物理知识的追求。他经常会想办法去获得一些书籍来充实自己。有一次，他捧着一本书在树下看得入神。突然，树上掉下了一个苹果刚好砸在了他的头上。苹果成熟了，掉了下来，这本来是一件寻常的小事。但牛顿却因此思索：为

什么苹果会落到地面，而不是掉到天上去？他回去问母亲，母亲回答不出来；他去问邻近的人们，人们也答不出来。在问不出结果后，他决定通过自己来解决这个问题，他觉得其中肯定有什么奥妙在里面。最终，牛顿通过反复的试验和论证发现万有引力，成为了伟大物理学家。倘若牛顿没有对苹果落地这样一件寻常小事加以思考，那么，到什么时候才有人发现“万有引力”？

卡罗斯·古铁雷斯，这是个和“美国梦”连接在一起的名字。可口可乐、高露洁等公司首席执行官的候选人、凯洛格公司有史以来最年轻的总裁兼 CEO、董事长，这些光环以外，和他连在一起的词还有苦孩子、流亡者、卡车司机、少数民族、生于国外、没上过大学。就是这样一个人，最终的位置，是布什政府的商务部长。

1959 年，卡斯特罗指挥的部队以胜利者的姿态冲进哈瓦那，没收了古铁雷斯家的全部财产，6 岁的他跟着父亲流亡美国。美国并非满地的美金，古铁雷斯长大后和父亲在墨西哥打拼，当生活渐有起色时，遇到了经济危机。就在迷茫彷徨之际，他幸运地应聘到总部在美国密歇根州的食品帝国凯洛格公司当卡车司机。去上班时，父亲忠告他：我们祖上有个遗训，叫“日行一善”。在家乡的时候，我们的父辈之所以能成就那么大的事业，都得益于这四个字的昭示，今天你去外面闯荡，你最好也能记住它。古铁雷斯点点头，将这个祖训铭记在心。当他开着货车把燕麦片送到大街小巷时，总是为他人做一些力所能及的善事，例如帮助店主带一封信去另一个城市，顺路带放学的孩子回家等等。就这样过了四年，在第五年，他突然接到了总部一份通知，让他去墨西哥统管拉丁美洲的营销业务，理由是他在这 4 年中个人的推销量占佛罗里达州总销量的 40%，所以应予以重用。

从卡车司机做到墨西哥分公司经理那年，他 29 岁。此后，古铁雷斯工作调动频繁，有过在加拿大、澳大利亚工作的经历。1999 年，他成为凯洛格公司有史以来最年轻的总裁兼 CEO（首席执行官），2000 年成为董事长。

他的出色表现还引起了美国总统布什的重视。在 2004 年 11 月 29 日那

天，布什总统提名古铁雷斯出任美国的商务部长。

【解密《中庸》】

在现实生活中，有许许多多的机遇摆在你的面前，等你去发现去挖掘。你需要的只是一双能够“见微知著”的慧眼和一颗善良的心。

第八章
大辩若讷，言语委婉藏锋

解读《中庸》中的口才学

中庸思想追求的是一种周全的原则，即使是语言也不例外，故而中庸语言的灵魂就在于一个“谨”字。俗语有云：人有失足，马有失蹄。一个人，不论他拥有多么好的口才，也有说错话的可能，原因就在于话说多了，难免就出现漏洞，所以谨慎说话是非常有必要的。

那么如何做到谨慎说话呢？中庸也给出了我们相应的答案，那就是“言前定”，即说话前要经过深思熟虑。但是仅仅深思熟虑是不够的，因为你深思过后说出来的话还要能绵里藏针、话中藏锋。这样才能达到中庸口才的标准，也许这并不容易做到，但是却更实用更有效。

三思而后言

庸德之行，庸言之谨。(努力实践于平常的品行，尽量慎重于平常的言谈。)

——《中庸》第十三章

语言是人与人之间必不可少的一种沟通方式，也是一种文化、一种艺术。因此，我们在与人交流时，常常会对自己的言行有所讲究。倘若你在某一种场合中不注重言行，言者无心，听者有意，就会为自己招致诸多不必要的麻烦。

以一首《一千零一个愿望》走红的4in love组合中，有一个叫杨丞琳的女孩，也就是《流星花园》中的小优。2003年7月12日，杨丞琳在参加《我猜我猜我猜猜猜》节目录制的时候，和另一个主持人吴宗宪有如下一段对话：

吴宗宪问杨丞琳："对日抗战几年？"

杨丞琳以怀疑口气回答："十一年吗？"

被告之正确答案后，杨丞琳边笑边答："才八年而已吗？"

对此吴宗宪说："这是什么心态？难怪日本人会说是东亚病夫，什么心态？"

这一期节目通过媒体传播到全国各地，一时间杨丞琳的那句"才八年而已吗"激起了民愤。很多人因为她的言行不断地辱骂她，她的负面影响像滚雪球一样越滚越大，这给她的生活和事业带来了种种不良影响。身为一个中国人，作为一个公众人物在公共场合中，对于自己国家的战争历史竟然如此无知，回答的语气竟然如此的不屑，但凡是个没有麻木的观众，都会心生厌恶。试想，一个外国人看了这个节目之后，他会对中国人有什么样的看法？

我们说话应三思而后言，不要让自己说过的错话成为人生的绊脚石。话一旦出口，再想收回已不可能。为了不让说话影响到人生，我们应小心谨慎，说话之前动动脑筋。

【解密《中庸》】

话出口前需三思。说的人未必是有心，听的人未必是无意，不要用自己的语言逻辑去替代别人的思维。祸从口出，患从口入，这可不是说着玩的。

思而优则言，谋定而后动

言前定，则不跲。（开口前做好充分准备，就不会理屈词穷。）

——《中庸》第二十章

战国时期，往往一场战争是可以通过游说家的游说来改变其命运的。陈轸可以说是战国游说家的典型代表之一，他那机智圆滑的说辞往往可以左右一个国家的兴亡成败。但是他也有游说失败的时候。

当时，秦国西北面有一个叫义渠的戎族邦国，这个邦国在中原人的眼里充其量也不过是群在边缘地带、不开化的野蛮人罢了。秦国也因此常常发兵攻打义渠，当然，义渠邦国也发兵骚扰过秦国，但秦国由于要面对其他诸侯国的战事而始终没有将义渠这个小邦国拿下。就这样几十年下来，义渠邦国成为秦国的一个隐患。

就在这个时候，总共有五个国家要来攻打秦国。如果秦国在应对五个国家的战事时，义渠邦国又趁机入侵的话，秦国将会陷入背腹受敌的不利局面。因此，当时的秦国国君秦惠文王召见了陈轸，和他商量如何应对义渠。

陈轸虽然没有对义渠有过深入的了解，但很快就拿出了一个对策来。他说：“义渠的国君是蛮人里面的贤君，还是先送一些礼物安抚他得了。”

秦惠文王当时也颇为信任陈轸，见他这么说，也就采纳了他的建议，送了一些礼物去给义渠国君，以为这样秦国便可以从容地应对五国来侵的战事。

但是陈轸因为没有事先去了解义渠之前发生的一些事，而草率地献上安抚的策略，因此打错了算盘。那么，义渠曾经历了什么样的事呢？

义渠国君是个贤君，陈轸的这句话说的一点都没错。他曾经用低人一等的身份去魏国拜会，见了一个叫公孙衍的人。公孙衍是何许人也呢？公孙衍

本来是魏国人，但他之前却在秦国高层工作四年，由于某些原因，他又回到了魏国。他对秦国可谓知根知底。

公孙衍跟义渠国君聊起来战事，他说：“中原诸侯之间如果没有战争发生的话，秦国一定会发兵攻打你们义渠；一旦诸侯之间打了起来，那么，秦国就会送厚礼义来拉拢渠。”义渠国君深以为然，将此话牢记在心。

不久之后，秦国因为要应对五国战事，果然送厚礼给义渠了。义渠国君表面上欣喜地收下这些礼物，心里却对此冷笑不已。

就在秦国和诸侯打得死去活来的时候，义渠国也趁这个时机发兵攻打秦国，秦国也因为陈轸不经深思熟虑的计策而陷入了背腹受敌的不利局面。

就因为陈轸一句不经过深思熟虑的话，给秦国的战事一个重大的打击。陈轸也因为这句话坏了他长期以来的游说大师的形象，生生地将他的铁饭碗给丢了。试想，陈轸和秦惠文王商议计策的时候，多去深入地了解一下义渠的一些信息，然后再来给秦惠文王一个答复，那么他也不至于落得了个身败名裂的下场？

这个故事告诫我们：当你在做某些事说某些话的时候，若只为了贪图一时的快感，而没有经过考虑再行动起来，那么，它可能或多或少会给你带来一些麻烦，让你因为一时的冲动付出一定的代价。所以，在说话做事前必先停下来思考一下，看看你所要做的事、接下来将要说的话，会给你带来什么样的后果。深思熟虑之后再去行动，就能减少很多不必要的麻烦。

【解密《中庸》】

说话之前先思考一下，不要莽莽撞撞地脱口而出。有段话说得特别好：“大事，清清楚楚地说；急事，慢慢地说；小事，幽默地说；没把握的事，谨慎地说；没发生的事，不要胡说；做不到的事，别去乱说；讨厌的事，不对人说；开心的事，看场合说；伤心的事，不要见人就说；别人的事，小心地说；自己的事，想好了再说。”

不言而信，不怒而威

《诗》曰：“奏假无言，时靡有争。”是故君子不赏而民劝，不怒而民威于鈇钺。(《诗经》说：“在宗庙进行隆重盛大的祭祀时，人人肃立无言，没有争执。”所以君子虽然不用奖赏却能让老百姓劝化从善；虽不大发雷霆，老百姓却怕他比刀斧还要厉害。)

——《中庸》第三十三章

对于任何人来说，谁都想树立自己的威信。但往往很多人在树立威信的过程中，不知不觉地将它塑造成威压。于是，便出现了下属惧怕上司，却心有不服的现象。

对于一个企业来讲，一个好的领导者决定了企业的走向，决定了企业的命运。一个好的领导者，他一定具备很强的号召力，从而在讲话的时候达到一呼百应的效果。

如果你的办公桌上有一台电脑的话，那么，里面几乎必定装有微软操作系统。讲到微软操作系统你就一定会想起闻名世界的微软公司，从而想到这个公司的领导者——比尔·盖茨。是的，这是一个具备传奇色彩的风云人物。他白手起家，一个刚开始默默无闻的微软公司在他的正确领导之下，最终跻身于世界上最成功的企业之一。那么，他是如何做到这一点的呢？

有人可能会说微软公司闻名世界是因为比尔·盖茨具备先进的技术，但这只是其中之一。微软公司在成长的过程中并不是一帆风顺的，该公司的很多商业行为曾违反了美国的法律（反垄断法），并受到诸多诉讼，面临着被拆分的危险。如果比尔·盖茨光有技术能力而没有很好的领导能力的话，那么，在面临诸多控告之下，微软公司不一定能化险为夷。

2006年6月15日，比尔·盖茨宣布2008年7月将隐退，届时将辞去首

席软件设计师一职，并不再参与微软的管理事务。在宣布这个消息的时候，比尔·盖茨显得相对镇定，但是却掩盖不了某些哀伤的气氛，他的很多员工也为此而伤感，甚至有一些员工还热泪盈眶。从员工伤感和热泪盈眶的这一举动，可见他深得人心。

我们再看看，这位领导者将他的总部地址设在什么地方？西雅图是一个美丽而且舒适的城市，那里依山临水，风景美丽，曾经几次被评为“全美最适合居住的城市”。微软总部就设在这个美丽而舒适的城市——西雅图。试想，他的员工在这样一座环境舒适的城市工作，又享受公司的高福利，他们哪有背弃这样的老板的道理？

以上的一些例子足以说明比尔·盖茨这样的一个领导者具备一定的独到之处。他的正确领导使微软公司成为了世界最成功的企业之一，他的退隐使得他的下属以热泪盈眶而不舍，他的威信已然深入了人心。

一个领导者树立自己的威信必须具备让下属信服的实力，必须为自己的下属谋求福利，必须爱护自己的下属，尊重自己的下属。倘若做到以上这些，那么你的威信将会深入人心。

【解密《中庸》】

在现实生活中，有些领导者往往以威压人，从而使下属产生“口服心不服”的情绪，间接地影响到公司的效益。其实，领导者必须具备的是威信，而非威压。那么，威信从何而来呢？要以德取威，以学识取威，以才取威，以信取威，以情取威。如此，方能赢得与下属之间的“同志式”感情，并让他们信服你。

语言的威力不在于声音的大小

《诗》云:“予怀明德,不大声以色。”子曰:“声色之于以化民,末也。”(《诗经》说:“我有高尚的品德,所以不用。”孔子说:“用声色俱厉去教化老百姓,那是最笨的办法。”)

——《中庸》第三十三章

在现实生活中,当我们与他人发生争执时、教育不听话的孩子时,常会失去理智地大声叫嚷。其实,“有理不在声高”,依仗自己有理,动不动就把声音提高八度的做法恰恰是幼稚浅薄的表现。即使在育儿时,我们也要尊重孩子,不要抱着“先震慑,再讲理”的错误想法。

在教育自己的孩子的时候,我们心中怀着一份急切,总是厉声厉色,恨不得孩子马上能够将自己的错误改正过来。但往往却适得其反,孩子不但不愿意接受,反而产生了叛逆心理。如何才能在不厉声厉色的情况下教育好孩子呢?

相信没有几个人不知道富豪李嘉诚。我们来看看他是怎样教育孩子的。

李嘉诚的两个儿子也有犯错的时候。每当这时,总是将儿子叫到书房去,微笑着讲一些故事,通过那些故事让他发现自己所犯的错误。他自始至终都没有打骂孩子。

李嘉诚的育儿方式给我们这样一个启示:在孩子犯错时应以一种温和、间接的方式让孩子意识到自己的错误,而不是厉声厉色地训斥孩子。

以上是说在教育孩子时,我们不要用声音的大小来树立语言的威力。下面再说说与人相处时,也要掌握好音量,不因得理不让人,不用“大喇叭”来“唬”人。想用声音压倒对方的气势也是愚蠢的。试想一下,吵个天翻地覆又能怎样?对方会停止争辩,对你心服口服?恐怕非但不会,还将激怒对

方。你要明白，一旦你调高音量，无异于将一场争论变成了吵架。其实解决纷争要以静制动，也要得理让人。你应抓住对方的弱点、漏洞，据理力争，用严密的逻辑和无可辩驳的事实来表明自己的观点，反驳对方，使其无理可争，挫其锐气。请注意，在这一过程中，你要态度温和，音量适中。

有大智慧的人做任何事情都会讲究策略，说话也一样。真正懂得说服别人的人，更加懂得如何去说。有时，你自信满满地与人高声论证，得到的是刺耳的反击。结果双方愈吵愈凶，问题没澄清，关系却一下子搞僵了，这样于谁都不利。

所以，要选择得体的语气，拿捏好适中的音量，如此，才能使说出的话被对方充分理解和接受，才能树立语言的威力。

【解密《中庸》】

越大声越让人反感，越叫嚣越像跳梁小丑。有志不在年高，有理不在声高。有时候，你要这样提醒自己：“你看，你也许是对的，但是你错在大声喊叫了！”

沉默更具威慑力

《诗》曰："上天之载，无声无臭，至矣！"（《诗经》说："上天所承载的，既没有声音也没有气味。这才是最高境界啊！"）

——《中庸》第三十三章

在我们的日常生活中，有时候，有些事情动用言语也是苍白的。相反，"无声"相对却能取到很好效果。这就是我们常常说的"无声胜有声。"

有一个超市的老板，由于常常应酬在外而疏于管理超市。因此，超市每日的营业额渐渐地下降了。意识到这个问题之后，他赶紧查明原因，最终问题出在服务那一方面。他发现他的员工上班的时候非常懒散，对进超市购物的顾客并没有给予应有的服务。甚至在顾客买单的时候，收银员却不见踪影，或者是让顾客等了很久之后，才姗姗来迟地走过来。超市老板发现了这个严重的问题之后，并没有召集员工们过来一个个地批评。他在一旁暗中等待一个机会。

这天，刚好又有顾客要买单，而收银员恰巧又不知道去了哪里，其他店员则躲在货架的后面有一句没一句地聊起天来，并没有走过来帮助顾客买单。超市老板这时候走了进来，接替了收银员的岗位。他热情地接待顾客，并且在收银之前为顾客推荐了一些超市新进的产品，这样顾客在好奇之下接受了超市老板的建议，买了那些推荐的新产品。超市老板做完这一切，又像往常一样走了出去。在这整一个过程中，他并没有训诉那些偷懒的员工。让人感到奇怪的是，从那以后，他的员工却一反常态地积极地做好超市的工作，他的超市每日的营业额又渐渐地上升了。

倘若超市老板见了他的员工那种消极的上班状态之后，为此而召集所有员工过来大发雷霆地批评一顿的话，那么，他的超市的生意就有可能一天比

一天地惨淡下去。他以无声的方式在他的员工面前做着这一切，让员工从中意识到自己的怠工，从而改正过来，自发地做好超市的工作。可见“无声”的魅力。

所以，我们在碰到某些语言上无法解决的事情时，不妨“无声”地给对方做出榜样，留一个宁静的空间让对方好好思考，改变他人也许就在这一瞬间。

【解密《中庸》】

“好雨知时节，润物细无声”。“说”并不是唯一的表达途径。除了说之外，还能做，还能写，关键在于你对待事情的态度，只要富有感染力，能完整并坚定地传达出自己的立场，就是成功的。

信任员工其实是最好的企业文化

见而民莫不敬，言而民莫不信，行而民莫不说。（看到的人都会尊敬他，听到的人都会相信他，只要他要求的，人们都会服从。）

——《中庸》第三十一章

1939年，在美国加州帕洛阿尔托市爱迪生大街367号的一间狭窄车库里，两位年轻的发明家比尔·休利特和戴维·帕卡德，以手边仅有的538美元，怀着对未来技术发展的美好憧憬和发明创造的激情创建了惠普公司，开始了硅谷的创新之路。2002年，惠普收购了美国著名的电脑公司康柏电脑。截止2007年1月，惠普全球销售额超过IBM达到令人叹为观止的917亿美元；2006年第四季度全球笔记本电脑市场中，惠普的销售量超过了戴尔，位居第一；2008年，惠普财政营收额突破1000亿美元。

和从微软离职的唐骏所写的《我的成功可以复制》不同，中国第一个CKO（首席知识官），惠普中国总裁助理高建华三进三出惠普，最后离开之后写了一本《笑着离开惠普》。当中有一句话：惠普中国1985年成立时，只有两千多万美元的年营业额，而到了2005年，营业额达20多亿美元，实现百倍以上的增长；同时，惠普又是一家集赢利、健康、快乐于一体的卓越企业。究其缘由，“以人为本”言行一致的企业文化发挥了不可替代的作用。

在惠普的企业文化中，最根本的一条，就是“信任”，这其中包括了公司对员工的信任，员工对公司的信任，公司对顾客的信任，顾客对公司的信任。惠普在任何情况下都坚信：只要给予员工适当的手段和支持，他们就会努力工作并一定会做得很好。惠普吸纳那些能力超群、富有个性又敢于创新的人才，承认他们对公司所做的努力和贡献。惠普人努力工作，并能分享他们通过努力所获得的成功。客户对惠普寄予厚望，总是希望惠普的产品和服

务是最好的，同时希望惠普的价值能长盛不衰。为满足客户这种要求，所有惠普人，首先是经理人员必须带头积极热情、加倍努力地工作。

惠普创始人之一戴维·帕卡德曾说过："回顾一生的辛劳，我最自豪的，很可能是协助创设一家以价值观、做事方法和成就等方面对世界各地企业管理方式产生深远影响的公司。我特别自豪的是，留下一个可以永续经营、在我百年之后可以恒久继续作为典范的组织。"戴维·帕卡德所说的"价值观、做事方法"，就是现在广为人知的"惠普之道"。其中，"我们信任和尊重个人"是重要一条，它体现了惠普以人为本的管理精神，并使公司形成了平等、尊重、宽容和稳健的人性化氛围，它将众多不同文化背景的优秀人才吸引到自己周围，让他们的梦想和公司的目标紧密结合，最大限度地实现公司的发展和个人的提升。

【解密《中庸》】

对员工多一分防范就是对他们多一分束缚。其实信任是上下级沟通的桥梁。用信任激发员工的企业，将会广纳人才，业绩卓著。

第九章
抓住机遇巧借势
解读《中庸》中的创业理论

《中庸》上说:“君子之道费而隐。”意思是“君子之道的作用非常大，但是其本体却又细微精妙”。这一句话恰如其分地诠释了创业之道。现如今，越来越多的人开始寻求创业的门路，也有越来越多的领域可供人们去挖掘，可以说创业之道是非常宽广的，但并非所有人都可以走上这条道路。因为它不光“费”，它还有“隐”。如果你没有一双善于发现的眼光和敢抓机遇的魄力，那么就无法在这条路上走稳走好。因此，想要创业，光靠自强自信是不够的，还需要善抓机遇、巧借势力。

走极端的创业是很难成功的

君子之中庸也，君子而时中；小人之中庸也，小人而无忌惮也。（君子之所以能遵守中庸之道，是因为君子随时保持适度，无过无不及；小人之所以违背中庸之道，是因为小人肆无忌惮，专走极端。）

——《中庸》第二章

商海中，有无数的人在每一个日升日落中演绎着不同的创业故事。有些人成功了，有些人则失败了。失败的原因有很多，但成功的人都有一个特质，那就是他的每一步行动，都保持了一个合适的发展进程，没有过分，也没有退缩。在中庸的理论中，“君子而时中”正说明了这些成功者们的特质。

持中而行，在创业的道路上才不会一步走错而步步走错，更不会被诱惑。至于那些失败者，很多都是因为没有把握好一个度。中庸所提倡的适度，就是说在创业的过程中不急躁，也不拖沓，脚踏实地，按照自己的计划往前走。不因外界的蛊惑而急躁前行，也不因自身的懒惰而原地踏步。

21 世纪，随着信息化时代的到来，人们的工作、学习和生活节奏也会越来越快，而商业竞争也愈演愈烈。很多刚刚创业的人能够看到机遇，也能够把握机遇，但往往就是因为太心急，而匆匆选择了一条不适合自己发展的道路，忽视了稳扎稳打，脚踏实地对创业的重要性。这就走了极端，只关注“速度”，而忽视了“质量”，就好比百丈高楼，地基却只有一点点，如此发展下去，总有一天会导致大厦的倒塌。

下面一个真实的事例或许可为大家说明这个道理。

“停工了！停工了！王老板都跑了！”2009 年 8 月 16 日上午，当车间主管通知大家停工时，员工无不惊诧万分。霸力员工口中的王老板，是董事

长王跃进。早在几天前，王跃进就已经不知所踪。这是一场毫无征兆的覆亡。随着王跃进的离去，这家创业近 20 载的企业以“猝死”的方式而终结。其身后，是过亿的银行欠贷和数百万的供应商债务。

曾几何时，“霸力”是这座工业重镇响当当的招牌。在温州，王跃进甚至被认为是一个可以代表浙商创业精神的典型人物。20 世纪 80 年代，王跃进开始在舅舅的鞋店里当学徒工。白天在外拉板车、干苦力，晚上再到昏暗的家庭小作坊学习制鞋。就在这样的情况下，他竟然青出于蓝，到了 1984 年，学成出师的王跃进创办了鹿城跃进皮鞋厂。凭借款式上的几个新花样，王跃进做的皮鞋很快在当地就小有名气，鞋厂的生意蒸蒸日上。

9 年前后，他的鞋厂获得了“创新鞋王”称号。尝到甜头的王跃进深刻体会到了“营销”的重要性，从此四海为家，亲临市场一线谈合作、抓销售。1993 年，凭借一系列的开拓性做法，“霸力”品牌在国内迅速崛起。顺理成章，霸力又在首届中国鞋王杯大赛中夺得“中国鞋王”的称号。

两项“鞋王”头衔在手的王跃进底气十足，做出了更为大胆的举动：他觉得这个称号应该有个宏大的表现形式，于是用 7 张牛皮，造出当时世界上最大的一只男式皮鞋，长 2.05 米。两年后，又造出最大的女式皮鞋，长 2.4 米。不久，王跃进又亲自领衔设计制造了“世界最小皮鞋”。这些“世界之最”大的可坐得下四五位姑娘，最小的仅有拇指大小，一经全国各地展览，不仅赚足了眼球和品牌知名度，还获得了 4 项吉尼斯纪录。

此时，在一项项成功的耀眼光环下，很少有人会意识到，王跃进的创业思路已经渐渐走上了极端，即使是王跃进自己，也沉浸在成功的掌声当中。面对此时的成功，王跃进并没有满足，他迅速成立了浙江皮鞋行业首家企业集团公司，成为江浙地区鞋业领军人物之一。2001 年，王跃进再次用 38 张牛皮造出“巨无霸”皮鞋，重达 1.028 吨。他把这只巨鞋架上彩车举行一个“万里行”，以彰显企业的实力和形象。

王跃进的极端思想，随着他的不断成功而日益加深。从心理上来看，具有极端思想性格的人往往是一个完美主义者，或者说是一个理想主义者。稍受鼓励就信心倍增，稍受打击就萎靡不振。王跃进便是这样的一个人。在短暂的成功光辉照耀下，他性格中极端的部分开始冒出了头。

就在“巨无霸”皮鞋问世后不久，霸力鞋业的经营开始走下坡路，盈利能力渐渐萎缩。连续不断的成功让王跃进变得好高骛远。当企业一旦停滞不前，王跃进立即急不可耐，为了谋求理想中的“高利润”，他开始“富贵险中求”。

2003年，霸力集团从广东采购来一批保税进口牛皮，按照规定加工后应返还给供货商，再出口。但王跃进却将这批原料当生牛皮直接卖给四川的一些制革企业。因保税进口物资是未交关税的，在内地销售就等同于“偷税”。随后，这起涉案金额高达7000多万的“偷税”案件，被温州海关初步定性为走私，他们冻结了霸力的所有账户，王跃进火中取栗，在劫难逃。

东窗事发之后，王跃进如同惊弓之鸟。三十六计走为上策，为了应对可能到来的调查以及企业4000多万元的负债，他悄悄潜逃到了早早取得居住权的澳大利亚。

这时候的王跃进，还没有丧失早年创业的雄心。人虽然躲了起来，却偷偷地联系温州当地的朋友，希望能帮他渡过难关。当时当地政府领导考虑到霸力仍是龙头企业，王又是初犯，企业这样倒掉了也很可惜，还会牵涉到工人下岗等一系列社会问题。

经过多方打点，海关终于同意不再追究王跃进的刑事责任，仅仅是让他补税了事。在政府的保护下，霸力鞋业最终补税900多万元。在被拘留三个月后，王跃进得到释放。这一次，这位行事勇猛的温州商人在挫折面前竟然不堪一击。经此劫数后，王跃进做鞋的信心大跌，霸力开始在明星企业的行列中退居二线，随即，他开始通过矿业来再次创业，可惜，鞋业的失败并没有使他认识到正是自己思想上的极端才导致霸力的失败，反而变本加厉，通过不正当手段及激进的方式再次在商海中博弈，可惜到最后依然以失败告终。

王跃进的一位老朋友曾对记者说:“他这一生都在拼搏，如今也年过六十、儿孙绕膝了。要不是太盲目冲动，卖鞋也够一家人衣食无忧了，可惜了！”

王跃进的失败，从根源上来说，就是因为不适应，太极端，在短暂成功的刺激下选择了极端的方式来继续下去，最终无法在合适的条件与环境下展

开本应该成功的事业。所以，要想创业，走极端是不行的，要学会一种不偏不倚的中庸态度来面对复杂的创业环境，这才有可能取得最后的胜利。

【解密《中庸》】

没有什么产品能够做到让所有人都满意，但我们可以努力做到适中，适合大部分人。在创业初期，完善的调研、明确的市场定位和坚定的执行能力，在低调前进中不断调整，以适合更多的人才是明智的做法。

成功有时贵在坚持

子曰："中庸其至矣乎！民鲜能久矣！"（孔子说："中庸之道大概是德行的最高境界吧！它被人们遗忘已经很久了！"）

——《中庸》第三章

1880年6月27日，一个小姑娘出生在美国亚拉巴马州北部一个小城镇——塔斯喀姆比亚。当她19个月大的时候，一场猩红热夺走了她的视力和听力。她没有放弃，遇到了一个好老师，教她写字。可是，学习到水这个字的时候，无论她的老师写多少遍，她都不能理解也记不住。她的老师没有放弃，带着她来到水池边，将她的手放到水里，让她感受水的样子，再在她的手心写下"水"这个字，这次她终于记住了。但是能写不行，还要会说。老师又找来专家，教会她用双手感觉不同字词发音时的口型变化。就这样在日复一日单调的重复中，她终于能够像正常人一样写字、说话。这样的成绩并没有让她满足，她考上了哈佛大学拉德克利夫女子学院，并以优秀成绩顺利毕业。

她的一生，仿佛就为了向人类昭示奇迹的存在。她懂五国语言，她获得美国总统颁发的自由勋章，她被时代周刊评为美国十大英雄偶像，她写了14本巨著，她集作家、教育家、慈善家、社会活动家于一身。

她就是历史上第一个荣获哈佛大学名誉学位的女性——海伦·凯勒。

如果一个人做到了对自己的信念坚持不放弃，那么还有什么是做不到的？

唐骏，无数年轻人的偶像，日薪50万元的神话，微软唯一一位3次被授予最高奖项的员工。在他披上这些光环之前，有谁知道他？有这样一件事，发生在他保研的那年。当时一个学校可以选派两名学生保送到美国，但他却被排除在外。他不甘心就此罢休，当得知北京广播学院还有一个名额空缺时，他毅然决定奔赴北广寻求机会。遗憾的是北广的老师告诉他，空缺的

名额已经交到国家教育部了，时间已经耽搁了。于是唐骏马不停蹄去找国家教育部出国留学司司长，得到的答案同样残酷：“名额已经审批完了，现在来不及了”。闻听此言唐骏顿感失望，但他不甘就此失败，接着想了一个简单却笨拙的办法：每天去国家教育部蹲等，非要磨出一个名额不可。于是，从那一天起，他当起了司长的义务保安。

看到司长早上来上班，唐骏就迎上去：“司长好，来上班了？”

等中午司长出门去对面食堂吃饭的时候，他就说：“司长吃饭啦，吃好点呵！”

司长吃饭回来的时候，他就说：“司长吃完了，还有点时间，你可以午睡一会！”

下午下班的时候，他说：“司长下班了。”

到第五天的时候，司长撑不住了，中午的时候把他叫进了办公室。第六天他继续蹲等，但司长给了他一堆材料要他填写。第七天，唐骏拿到了出国留学批准证。

人们通常认为创业前最艰巨的时代是准备创业的阶段，公司一旦正式运作，便可轻松一下。但创业后你会发现公司一旦运转起来，各种各样的问题便纷至沓来，常常令人不知所措，跟以前想象大相径庭。很多人在这个时候便会因为一点小小的打击而后退或放弃。

回头看一下本章所讲到的那些故事。试想，如果海伦放弃了，就没有了今天的《假如给我三天光明》，假如唐骏放弃了，就没有了今天微软历史上唯一的名誉总裁。所以说，成功的秘诀不在于一蹴而就，而在于你是否能够持之以恒。巴斯德曾说过：“告诉你使我达到目标的奥秘吧，我唯一的力量就是我的精神。”俗话说：“水滴石穿，绳锯木断。”坚持下去，并选对方式，就没有达到不了的明天，没有实现不了的成功！

【解密《中庸》】

创业的背后并不只是一种激情，一种由于权力、金钱的欲望的不断膨胀所引发的激情，创业更是一种纯粹的精神体验与超越。成功的人经历或许千差万别，但有一点却一定是共通的——对梦想的坚持。

要成功，便不能光说不做

道之不行也，我知之矣：知者过之，愚者不及也。（我知道中庸之道不能实行的原因了：聪明的人认识过了头，愚蠢的人不能理解它。）

——《中庸》第四章

美国ABB公司董事长巴尼维克曾说过：“一位创业者的成功，5%在战略，95%在执行。”而大多数人更喜欢做一个言论巨人、行动矮子。

Magma是一家铜矿开采公司。原本业绩骄人的Magma在1996年被全球第二大矿业集团公司必和必拓收购后，整体业绩开始下降。在18个月中，必和必拓亏损10亿美金。这是为什么呢？后来帮Magma走出困境的爱尔兰人伯吉斯·温特道出了其中的秘密。

必和必拓是一个行政化的大规模企业，它习惯于将各种计划集中在总公司进行控制。这种管理模式的弊端在于增长率按照平均水平计算，低绩效部门拉低了高绩效部门的实际增长率。这就导致高绩效部门的员工得不到应有的待遇和福利，进而抱怨和产生不满情绪。伯吉斯·温特在接手Magma CEO的职位后，一个月有两周时间花在往返公司总部墨尔本的飞机上，但到了墨尔本却只能待在黑暗的房间里看似乎永远看不完的幻灯片、工作计划、财务报告等等。公司总部总认为这些书面上的东西能让他们运筹帷幄，决胜千里之外。可他们的工作是开采和熔炼矿石、冶炼钢铁、精炼石油等等，而不是做演示文稿。纸面上的决策落不到实处，跟废话没有什么区别。

以证券市场为例。分析师和交易者，就是想和做的分别体现。没有想就不知道怎么做，不分析判断行情，不预估后期方向，那么怎么知道如何操作？想是做的基础，做是想的实践。想，是以想象为主的，它主要是对价格的方

向、幅度、时间三者关系的把握，阐述自己对后期市场波动的判断；做，是以盈利为目的，考虑的是做买还是做卖，在什么价格买卖，在什么时候平仓。

回到必和必拓。

伯吉斯·温特任 Magma CEO 前，Magma 刚从纽蒙特黄金公司中分离出来，债台高筑，矿井低产，矿体低劣，而且管理层与工会成员之间的关系十分紧张。这时领导人带头超越过去经验的行为对重振企业有着关键性的作用。伯吉斯·温特在和工会的谈判中仔细拟定了新的发展策略。那段时间里，有人甚至趁着天黑向温特的住宅开枪。温特并没有因为这些而退缩，他与人力资源部门总裁马什·坎贝尔克服了许多阻碍，打定主意要将改革进行到底。在平托谷铜矿，温特 1 天之内开除了 4 个经理，包括这个铜矿的总经理，因为改革一年来，这些经理仍然拒绝甚至蓄意破坏公司新的规章制度。之后，Magma 经历了一次脱胎换骨的改革。1988~1995 年其股票价格上升了 400 个百分点，生产率增长了 86%，矿石的开采量增加了 70%。

“决策——执行”这是一个不可分割的整体，也是为什么 Magma 能扭亏为盈，而收购 Magma 后必和必拓反而巨额亏损的原因。

【解密《中庸》】

说与做的距离可以很远也可以很近。累了，想洗澡，多数人都会马上行动去洗澡，饿了，想吃饭，谁都不会觉得吃饭困难，只因为这是放在眼前的客观需要。不要光想光说而不做，第一步都走出去了，还怕第二步迈不出来吗？

创业要一步一个脚印，循序渐进

君子之道，辟如行远必自迩，辟如登高必自卑。（实行中庸之道，君子就要像远足一样，一定要由近及远，又像爬山，一定要从低处起步。）

——《中庸》第十五章

在现代商业中，那句中国古老的谚语“一口能吃个胖子”早已成为一个空想般的笑话。随着社会经济的发展，市场的繁荣催生出无数的企业下海博弈，企业竞争的激烈，已杜绝了一夜暴富的神话。更多的企业还是要一步一个脚印、循序渐进地来发展，经过无数的竞争，厚实的积累，才最终得以取得成功，获得利益。

中庸讲究一个循序渐进，“辟如行远必自迩，辟如登高必自卑”。就是说君子实行中庸之道，要像远足一样，由近及远，又像爬山，要从低处起步。只有一步一步向前走，才能给自己的事业打下一个坚实的基础，基础打好了，事业才能在健康的道路上发展。

比如，我们所熟知的麦当劳、星巴克、IBM等世界知名公司，哪一家不是从一间普通的店面慢慢发展而来的？世界五百强企业的惠普公司在草创之初，不过是在一间仓库里。能够发展到现在，不仅在于这些公司有着自己的核心产品和核心竞争力，更重要的是他们的每一步都走得非常稳健，公司的每个决策都不冒进，也不落后，总是在最合适的时机选择最恰当的决策，一步一个脚印，循序渐进地将公司发展成整个世界的领头羊。

以英特尔公司为例，这家全球最大的半导体芯片制造商从成立至今，已走过了43年的时光。就是这家公司，在1971年推出了全球第一个微处理器，从而引发了计算机和互联网革命，改变了整个世界。

英特尔的历史，也是信息化时代社会进步的历史缩影。1968 年 7 月 18 日，罗伯特·诺顿·诺伊斯和戈登·厄尔·摩尔成立了英特尔。最开始，英特尔并不做处理器，而做内存。1971 年，Intel 生产出了第一个商用微处理器 4004。这是一块通用处理器，在当年众多为专用功能而专门设计的处理器中卓尔不群。Intel 提出了大胆的设想：使用通用的硬件设计作为基础，用软件来实现不同的功能。这个猜想奠定了 Intel 大厦的坚实基础。

有了基础，剩下的就是坚定道路，一步一步地发展了。1974 年，Intel 推出了 8080 处理器，提供了更强大的功能和更快的运行速度，并广泛地使用到各个领域，并以低廉的价格创造了多个新兴的市场应用，包括 PC（个人电脑）市场在内。价格合适，易于开发易于使用，就是 Intel 微处理器的成功秘诀。

1975 年，英特尔推出明星产品 Altair 8800。到了 1978，8088 大获成功，英特尔步入全球企业 500 强。1993 年，英特尔推出奔腾（Pentium）处理器。这时，Intel 的处理器技术获得了专家们的肯定，但还是无法做到像麦当劳肯德基那样深入人心，于是 Intel 公司于 1990 年 4 月开始启动 Intel Inside 计划。这个计划的最终目的，就是使 CPU 成为消费者的关注对象，而非计算机的品牌。在 Intel 以前，还从来没有一个非终端产品能够做到。Intel Inside 计划从 1990 年启动到 2002 年的 12 年间，英特尔为此付出了超过 70 亿美元的广告费，还来了 400 亿美元的品牌价值。2003 年，Intel 正式宣布推出无线移动计算技术的品牌：Intel Centrino Mobile Technology 迅驰移动计算技术。2006 年 1 月 4 日，英特尔正式发布全新宣传标语："Intel. Leap ahead（超越未来）"并推出其面向数字家庭的全新平台——英特尔欢跃技术。2010 年 3 月 30 日，Intel 推出至强处理器 7500 系列——八核时代来临。

现在，就连不懂电脑的老人小孩，都听过那段三秒长的"当当当当"，都知道英特尔公司。而他的成长史，也代表了世界上大多数伟大的公司所走过的道路，这些公司没有一家是短短时间便取得成功的，无不是经历了长时间的竞争与积累，才有了今天的成功和市场地位。所以，要想取得事业的成功，要一步一个脚印，扎扎实实地走下去，不要试图幻想着一夜暴富。

【解密《中庸》】

一夜暴富已成神话。资本的累积和流通是一个过程，品牌的建立更是永无止境。任何试图加快和缩短过程的举措都是违反市场经济规律的自杀。

成功只有方法没有捷径

有弗学，学之弗能弗措也；有弗问，问之弗知弗措也；有弗思，思之弗得弗措也；有弗辨，辨之弗明弗措也；有弗行，行之弗笃弗措也。人一能之，己百之；人十能之，己千之。果能此道矣，虽愚必明，虽柔必强。（要么不学，学了却没有掌握那绝不能放弃；要么不问，问了却没有弄懂也绝不能放弃；要么不想，想了却想不通也绝不放弃；要么不分辨，分辨了却辨不清也绝不放弃；要么不干，干了却没有结果也绝不放弃。别人努力一次就能做到的，我就努力一百次；别人努力十次能做到的，我就努力一千次。只要能够做到这些，即便愚笨也一定会聪明起来，即便柔弱也一定会刚强起来。）

——《中庸》第二十章

为什么我们和别人做的是一样的事情，别人能成功，我们却不能？其实道理很简单，因为别人找到了成功的方法，所以别人能成功，而你没有。但就是这样一个简单的问题和答案，却是很多创业者在创业中碰得头破血流才明白的道理。其实每一位创业者都不是笨蛋，只是有些人在思考问题的时候没有换一个角度思考，没有选择一个适合自己的思路。

就像学习中讲的那句“死读书，读死书”，都不是学习的可取之道，而生意场上也如此。创业者一定要明白你的创业到底有何目的，要取得什么样的效果，不要想着天上会掉馅饼，成功没有捷径。

你可以用一个极具创意的广告来推广自己的品牌，也可以用大牌明星为自己的产品代言，但这只是做生意的一种方法，而不是取得成功的根源，最终还是要看你的产品、你的品牌是否能够满足人们的需要，如果不能满足人们的需要，广告做得再好，明星再大牌，也没有人会买账。想要取得

成功，你可以用一个适合自己的方式，但决不能想着走捷径，那只能是取死之道。

被益为“贝壳大王”的农村小伙周益华，凭借自己的聪明才智，以及在合适的时间选择合适的方法，用贝壳纺织出了自己的财富梦。周益华出生在广东省清远市一个普通的农民家庭。1994 年 7 月，17 岁的周益华在广州市番禺区一个家具公司找了份业务员的工作。后来，在一次与老板发生争执后，周益华一气之下炒了老板的鱿鱼，随同一位朋友应聘到东莞市虎门镇一家新开业的食品公司跑业务。通过努力，进厂 3 个月后周益华就拿到了 3000 多元的月薪。

1996 年，周益华作为食品公司的代表来到海南与海口的一位客户谈判。由于谈判非常顺利，合约签完后，那位客户便邀请周益华到美丽的海南岛游玩。在海边游玩时，周益华发现那里有很多奇形怪状的贝壳很是可爱。出于喜欢，他就随便捡了十几个带回去。

回到东莞后，周益华就把那十几个贝壳清洗干净后放在自己的办公桌上作为摆设。谁知他刚把贝壳拿出来，立刻就被临近的几位同事发现了:“哇，好漂亮的贝壳呀！在哪里买的？下班后我也去买几个！”几个要好的同事听说是捡来的，一拥而上，把周益华办公桌上的十几个贝壳一抢而光。周益华看到这种情况，就想到一个创业的点子，那就是从海南捡些贝壳来卖。

周益华经过认真的思考，于 2005 年春节过后辞去了工作，到海南花 500 元请当地的两位老人给他捡了 2000 多只形状各异的贝壳。回到东莞的当天晚上，周益华就拿着一部分清洗好的贝壳在虎门镇著名的龙川夜市上摆了一个地摊。谁知他的贝壳摊位还没摆好，就受到许多过路人的围观，对贝壳爱不释手。

只一个晚上，周益华就以 3 元至 5 元的价格卖出了 100 多只贝壳，赚了 300 多元。从此，周益华晚上就在夜市上摆摊，白天就到几个工业区、学校、公园的外面摆摊。由于他卖的产品很新奇，所以深受顾客的喜爱，平均每天的收入都保持在 200 元以上。

随着生意的日益红火，周益华认为贝壳还有很大的生意可做，他特意让

老人给捡了一些普通的贝壳。回到东莞后，他便拿出这些普通的贝壳进行研究。最后他想到了用刀片把贝壳修成动物或花鸟的形状，有的还在上面刻上字，用油漆印上。通过反复实验，周益华在普通的贝壳上刻上了友谊天长地久、一生永恒等多种代表友谊、爱情的字样，还设计出了情侣贝壳、爱心贝壳等多种款式。

通过简单加工，一个小小的贝壳就变成了精美的工艺品，越来越受到顾客的喜爱，生意自然越发红火。后来，他还聘请了一位美术学校的毕业生专门负责制作成型贝壳制品。仅此一项，每月就为周益华带来了近万元的收入。

很多人看到贝壳生意如此红火，也开始做贝壳生意，周益华的贝壳生意受到了严重的冲击，到2005年底，仅在周益华的名帆贝壳工艺品店周围就出现了3家贝壳工艺品店，店里的贝壳也和周益华的大同小异。面对这种情况，周益华绞尽脑汁想出了一个办法，他不再开店，而改为在人流量大的商场超市外面租块场地，以摆摊的方式卖贝壳。这样只须交给商场超市一点租金，不需要办理营业执照，更不用交税。

主意打定后，周益华果断地转让了名帆贝壳工艺品店，带着他的小贝壳和制作好的成形贝壳制品开始开流动贝壳工艺品店。在一个朋友的帮助下，周益华很快在东莞市厚街镇的茂升商场前租了一个场地，摆起了贝壳摊位。由于借助了商场巨大的客流量，周益华第一天就进帐800多元，而且还和当地的一家礼品公司签订了合同，每个月从周益华那里进50个成形贝壳制品。

经过几年的奋斗，周益华已设计出了成型贝壳制品、风铃贝壳、挂链贝壳等多个品种的贝壳制品。他的流动贝壳工艺品店也在深圳、东莞、佛山等广东各大城市的大型商场有了一席之地。靠卖贝壳的周益华不但在家乡买了房，还拥有了近百万元的财产。

周益华通过一片小小的贝壳，成功地走出了一条创业之路。而他的成功，不是因为走了什么捷径，也不是因为他有多么深厚的资源，而是因为他的细心，所以看到了小小的贝壳中潜藏的巨大商机；更因为他用对了方法，面对竞争，他不再开店，而在大型商场内凭借小小的流动摊位，将生意越做

越大，最终创业成功。

所以，真正成功的创业，没有捷径可走，只有用对了方法，在合适的时机，再加上创业者的勇敢果断。

【解密《中庸》】

时代在变，人也在变，商场更是瞬息万变，没有人能够未卜先知，天上即使掉馅饼，也只有跑得快、跑得稳的人才能抢到。

规矩是用来遵守的，又是用来打破的

今天下车同轨，书同文，行同伦。虽有其位，苟无其德，不敢作礼乐焉；虽有其德，苟无其位，亦不敢作礼乐焉。（现在所有的车辆都统一为一种宽度，书写统一为一种字体，行为遵守统一的准则。虽然身居一定的职位，但却没有相应的品德，是不配制作礼乐的；虽然具备了一定的品德，但却不在相应的位置上，也不敢制作礼乐啊！）

——《中庸》第二十八章

现在的百货公司或者购物中心，都希望自己的客流大点再大点，因为那意味着收入。但在英国伦敦，有一家百货公司，规矩多到让人头疼，让人感到不是去购物而是前往圣地朝拜，例如：禁止吸烟、禁止留影、禁止携带宠物入内、禁止携带旅行背包、禁止穿牛仔裤等等。但这家百货公司，不管顾客的订货要求有多么古怪，都能有求必应。店员把女顾客当伯爵夫人对待，甚至对只买一支棒棒糖的小孩也礼数周全。这就是位于伦敦富人区骑士桥的哈罗兹百货公司（Harrods）。

这个商场像座宫殿，它共有7层楼，地上6层，地下1层，面积11万平方米，它拥有近5000名员工，分属300多个部门、28个餐厅。在这里，你能找到全世界任何最顶尖的名牌产品，而且每种商品都有几十乃至上千种样式可供选择，极为精致奢华。它的装饰为华丽的古埃及风格。各厅的装饰风格自成一体，比如有海中宫殿、春日花园，还有的充满了古埃及的神秘感。埃及人法耶德于1985年买下了哈罗兹，他花费4亿英镑为整个建筑进行了重新装修。考究的深色地板与四壁、古色古香的豪华铜制螺旋状楼梯，仿佛让人置身于一个世纪之前。特别值得一提的是，法耶德是和戴安娜王妃

一起遇难的男友多迪的父亲。在现在的哈罗兹百货大堂内，多迪与戴安娜微笑相望、一同举起展开翅膀的信天翁的塑像金光闪闪，象征着“爱到永恒”。

哈罗兹在历史上和世界上创造过许许多多第一：最早的世界冬季甩卖、引进最早的自动扶梯、出售第一台电视等等。而最引人关注的是它的经营模式，即哈罗兹出售“任何地方任何人需要的任何物件”。这真是神话般的格言，但它绝不是吹出来的，在哈罗兹的历史上，很多令人难以置信的买卖在这里成交。美国前总统里根在担任加利福尼亚州长期间，就曾有人送他一头大象，而这桩买卖就是由哈罗兹承担的。一名英国商人购买了一架奥古斯塔A109直升机，这架直升机用600米长的红纸和150卷胶带包得严严实实，英国商人将它作为礼物送给妻子，这是哈罗兹有史以来包装过的最大礼物。哈罗兹还为一对小狗举行过婚礼，内容包括“狗新娘”乘坐马车、举行香槟招待会，然后和“狗新郎”一起到狗旅馆去度蜜月。另外，哈罗兹还出售过一条短吻鳄鱼，那是在某年的圣诞节期间，当时一度成为新闻。长期以来，哈罗兹打出这样的广告：哈罗兹专送，任何物件，任何人，任何地方。如今“任何事都可能”已成为哈罗兹一个专门的部门。欧洲、美洲、亚洲等地各色各样的名牌，在哈罗兹店内可谓应有尽有。几十万英镑的贵重首饰比比皆是；几英镑的便宜小玩艺儿也照样有售。

哈罗兹早就成了英国王室指定的购物商场。在哈罗兹购物的很多富贵人士通常都会电话预约，让百货公司安排专门的导购员陪同购物，签单数额一般都是上万英镑。为了向这些最具潜力的顾客提供良好的服务，哈罗兹干脆为员工安排了两年制销售专业的学位课程。员工们可以边工作，边攻读人类行为学、心理学等学位课程。

哈罗兹的橱窗是伦敦每个季节流行趋势的风向标。有时一个橱窗内的商品和名画加在一起就价值百万英镑。哈罗兹以商品精美、物价昂贵闻名世界，原因正在这里。

有一个小细节值得注意，哈罗兹店内不允许衣冠不整和高声喧哗。有一天伦敦下起小雨，一位西装革履的美国顾客正准备进来，但在入口处却被服务人员叫住。原来这位顾客的皮鞋上沾了不少泥。服务人员礼貌地请他将皮鞋脱下，取来鞋油和布为他把鞋擦得锃亮，之后才请他进店。如果你想听听

新上市的一款音响的效果，服务人员会委婉地谢绝你的要求，因为商场内不允许高声喧哗，也不允许大声放音乐。这时，服务人员会将顾客带到一所迷你的隔音房间，在这里试听音响效果。

【解密《中庸》】

如果不满规矩，就努力去成为规矩的制定者。如果不能成为制定者，那么就要遵守规矩。试想，如果哈罗兹没有如此辉煌的底气，没有说一不二的气势，没有言出必行的魄力，凭什么反其道而行之还能大获成功？

第十章
学会妥协才能方圆兼顾

解读《中庸》中的智谋

一提到智谋，大家最先想到的也许就是“运筹帷幄，决胜千里”，觉得这样才担得起“智谋”二字。但是中庸却更欣赏平凡无奇中所散发出来的智慧之光。中庸认为，君子想取胜于人，可以采用以柔克刚、以德报怨的方式，因为感化他人也是战术的一种；中庸劝告人们要能够安于现状，因为“安”是为“不安”储蓄能量；中庸提醒人们不能因循守旧，但同样劝告人们要审时度势，做到明哲保身，因为能保住自身，才是最大的智慧！

揣着聪明装糊涂也是一种智慧

子曰："人皆曰'予知'，驱而纳诸罟擭陷阱之中，而莫之知辟也。"（孔子说："每个人都说'我聪明'，可只知道躲避明枪暗箭的驱赶而落入早已暗中设置的罗网陷阱，而很少有人懂得躲避。"）

——《中庸》第七章

"聪明"是对智商的认可，"装糊涂"是心态的选择，当"聪明"遇上"装糊涂"就演变成了一种智慧，这种智慧叫"大智若愚"。

唐德刚是个熟识历史，特别是中国近代史，旧学邃密、新知深沉的学者，在华裔史学家中被人称为"口述历史"的主要推动人物。他有几篇"口述历史"曾引起过张学良将军的注意，张学良还主动邀请唐德刚为自己写个人传记（"口述历史"）。张将军是个身怀秘密的历史人物，唐德刚也很乐意为他从事这项工作。

1988年后，唐德刚为张学良"口述"录制了10多盘磁带录音，还写了两章"口述"的文章。可是，张将军在口述时，却不想说西安事变的事，即使说也会说错，或者敷衍了事。唐德刚就按照自己了解的历史知识，为张学良的"记忆"纠正错误。可将军却说："我自己的事情怎么可能记错呢？"这时，唐德刚就马上拿出确凿的史料证明，可张将军依然自负地说："你知道什么啊？你要听从我的话才对！"而唐德刚却以一个写传记作家的"职业"良心，给张学良做思想工作："我要以证据来写作，用事实做依据，不能听你也许因时间过长而记忆失误的话。要是你记错了，将来写出来的传记就要出笑话的！""笑话？我讲的是我的故事，有什么笑话不笑话的！"张学良根本就不容他分辩。

张将军或许是在讲他的"义气"、保守着自己的秘密，是在揣着明白装

糊涂；也许是“少帅”的性格才导致如此，因此，唐德刚就不好再干涉了。最后，唐德刚索性就不再为张学良写作和出版“口述历史”了。

京剧大师梅兰芳创作演出的京剧《宇宙锋》里的主角赵艳容，为了反抗秦二世纳她为妃子，在自己父亲赵高的逼婚下，不得不佯装疯癫，还借此机会在金銮殿大骂佞臣昏君，她的这一作为最后如愿以偿。赵艳容虽然在赵高、秦二世眼中是真疯子，可在观众眼中却是在装疯。梅大师惟妙惟肖的表演，成功地为观众塑造了一位“揣着明白扮糊涂”的戏剧典型人物，使观众大快朵颐，又对大千世界增长了一分见识。梅大师扮演的赵女实际上有点像鲁迅《狂人日记》中的那个头脑清醒狂人啊！小说《红岩》里的地下党华子良，成天装疯卖傻，蓬头垢面，喃喃自语，在监狱里跑圈，可他却是个心里头亮堂的人！为骗过特务的眼睛，他不惜把自己当做了一个清醒的“糊涂”者。

《中庸》里有句话：“人皆曰‘予知’，驱而纳诸罟擭陷阱之中，而莫之知辟也。”这里的“知”并不是真正的“知”，而是指略带讽刺意义的小聪明，是自以为是的小聪明，这种聪明往往只能落得聪明反被聪明误的下场。而例如三国时期的杨修，他空有聪明，恃才放旷，不懂得装糊涂，不明白若愚才是大智，只顾卖弄自己的小聪明，结果被曹操随便找个借口杀掉了。

【解密《中庸》】

“木秀于林，风必摧之。”真正有智慧的人，一般都善于“守拙”、善于“装愚”，因为只有外表愚笨，才能降低他人的警惕，才能减少自己身边的“罟擭陷阱”，才能更好地保护自己。而那些自认为聪明却又无法准确判断出罗网陷阱的人，才是真正糊涂的人。

世上最强大的东西是人心

子路问强。子曰:“南方之强与?北方之强与?抑而强与?宽柔以教,不报无道,南方之强也,君子居之。衽金革,死而不厌,北方之强也,而强者居之。故君子和而不流,强哉矫!中立而不倚,强哉矫!国有道,不变塞焉,强哉矫!国无道,至死不变,强哉矫!”(子路问孔子什么是强。孔子回答说:“你说的是南方的强呢?还是北方的强呢?抑或是你认为的强呢?用宽容温和的精神去教化人,别人对我蛮横无理也不求报复,这就是南方的强,是一个具有高尚品德的人具有的强。把兵器甲盾当做枕席,死而后已,这就是北方的强,是具有勇武好斗之人的强。因此,一个品德高尚的人,他会和顺而不随波逐流,这样的人才是真强!一个保持中立又不偏不倚的人也是!一个人在国家政局稳定时,不改变最初的志向,这也是强!一个人在国家政治黑暗时能坚持操守,宁死也不改变自己的志向,这也是真的强大!”)

——《中庸》第十章

如果有人问你:这个世界上最强大的东西是什么?你会怎样回答?是掌握在手中的权力么?还是用之不完的财富?或是无人能敌的武力?都不是!最终的答案是:人心。是的,一个人的能力终究是有限的,如果你没有众望所归的人心,即使拥有极大的权势,用之不尽的财富,无可匹敌的武力,最终也是不会长久维持下去的。

自古有言:得人心者得天下。一个国家如果能将人心聚拢在一起,团结一致,那么这个国家就会一步步地强盛起来。那么,近代史上谁又是得“人心”的强人呢?

相信你一下子会想起一个人:周恩来总理。他一生清廉节俭,大公无私,

对待工作任劳任怨、鞠躬尽瘁，素有“人民公仆，全党楷模”的美誉。

有一次，周总理在离开杭州之前，请随行的人员吃饭。席间，总理热情地与随同人员一一碰杯，感谢他们在这次接待任务的辛苦，还向陪同他从北京来的工作人员一一介绍杭州名菜：这是西湖醋鱼，这是西湖的油爆大虾，这是叫化子鸡，这些都是在北京难得吃到的西湖佳肴。当总理看到服务员端上一盘盘他最喜爱的家乡菜时，一边举筷品尝，一边招呼大家：“好久没吃到家乡菜了，大家也尝尝，这是绍兴霉干菜蒸肉、豆芽菜、霉千张，味道都不错嘛！”大家都吃得兴高采烈的。

饭后总理叫随身秘书去结账时，一位省里同志出来阻拦说：“不用总理付了，这些还是由我们地方报销吧！”总理听后马上说：“今天我请大家吃饭，这当然是由我来付钱啰！”饭店经理知道周总理的脾气，要是不收钱，总理是会生气的，于是就收了他 10 元钱。

哪想总理又不肯，当即对身边一位姓姜的服务员说：“这许多菜 10 元钱哪够呢？你们一定要按牌价收足。”

饭店经理和厨师商量了一下，又加收了 5 元钱。不想，又被周总理看到了，他很生气地说：“总理请客吃饭也得和一般顾客一样嘛！”

饭店经理被弄得实在没办法，于是又加收了 5 元钱。这样总共收了总理 20 元钱。可哪曾想到过了 1 个小时后，笕桥机场给这家饭店经理打来电话，说总理临上飞机前又留下 10 元钱，要付中午的饭费。饭店经理和职工们经过商量，只得按总理的吩咐去做，当即把当天午餐的饭菜按照菜单仔细核算，共计 19 元 5 角，和普通顾客那样结账，还给总理写了份详细报告，附上清单和余款 10 元 5 角，再邮寄回北京国务院周总理办公室。

1976 年 1 月 8 日，周总理在北京医院不幸与世长辞，噩耗传开，群山为之肃立，大海为之哭泣，亿万民众悲痛欲绝，人们纷纷自发地为总理开追悼会。

周总理虽然去世多年，但他的人民公仆的形象早已深入了人心。

【解密《中庸》】

得民心者得天下。民心就是人心，在职场，职场就是你的天下，在仕途，仕途就是你的天下。众人拾柴火焰高，得不到人心，谁还会来帮你拾柴？

有“智”不在年高

性之德也，合外内之道也，故时措之宜也。（仁和智是人出自本性的德行，也是人融合自身与外物的准则，因此这种德行，在任何时候施行都是适宜。）

——《中庸》第二十五章

曹冲的父亲曹操是朝廷大官，有一回属国给他送来一只大象，曹操很想知道这只大象的重量，就让手下的官员想办法去称一称。这在当时可是一件难事。因为大象是陆地上体型最大的动物。当时人们没有那么大的秤，人又没那么大的力气把大象抬起来。怎么称呢？官员们都发愁了，谁也没想出称象的办法。

就在这时，一个小孩子跑了出来，站到发愁的大人跟前说：“我有个办法，我有个办法！”人们定神一看，原来是曹操的儿子曹冲，嘴里不好说什么，可在心里想：嘿！大人都想不出法，一个五六岁的小孩能有啥办法！千万别小看小孩，这小小的曹冲还真是有办法。他的办法，就连大人也想不出来。曹操和他说：“你有什么办法快说出来让大家听下。”曹冲说：“我去称给你们看，你们就会明白的。”他让人牵来大象，随他到河边去。曹操和他那些官员都想看看他如何称象的，也一起跟着他来到了河边。河边有只空着的大船，曹冲说：“把大象牵到船上去。”大象被牵到了船上。大象一上船，船就往下沉了一些。曹冲说：“齐水面在船帮上划一个记号。”记号划好，曹冲又让人把大象牵回岸上。这时大船空着，就往上浮起一些来。大家看他一会儿把大象牵上船，一会儿又把大象牵下船，心里想：“这孩子在玩什么把戏啊？”紧接着，曹冲让下人挑了些石块，装上大船，下人挑了一担又一担，大船又缓缓地往下沉。“行了，行了！”当曹冲看见船帮上的记号齐了

水面，就让装船的人把石块一担一担地挑下船来。最后，曹冲把那些石头的重量一一称出，合总得出大象的重量。

一个五六岁的小孩都能够解决大人们处理不了的事情，智谋的运用可见一般。

唐贞观十七年，太宗御驾亲征，统三十万大军去攻打高丽。大军浩浩荡荡地来到海边，唐太宗看见眼前白浪排空，海茫无穷，心生悔意，召集众将问及过海之计，四下面面相觑。忽然有人禀报附近一个在海上居住的豪民求见，并称三十万过海军粮他家早已备好。唐太宗大喜，即率百官随豪民来到海边。只见万户皆用一彩幕遮围，甚是严密。豪民东向倒步引唐太宗入室。室内更是绣幔锦彩，茵褥铺地。百官进酒，宴饮乐甚。不久，风声四起，波响如雷，杯盏倾侧，人身动摇，良久不止。太宗警惊，忙令近臣揭开彩幕察看，不看则已，一看愕然，满目皆一片清清海水，横无际涯，哪是什么在豪民家中作客，大军竟然已航行于大海之上了！原来这豪民是新招壮士薛仁贵装扮，这“瞒天过海”之计就是他设计策划的。

“瞒天过海”在兵法上，实属一种示假隐真的疑兵计策，以达到出其不意的效果。薛仁贵初出茅庐就能想到这条妙计，可见智谋的运用是不分老小的，智谋的运用是随时随地的。

【解密《中庸》】

智谋是人人都能够运用的，前提是你能否将其融会贯通，达到最好的效果。

学会审时度势，才能做到明哲保身

> 国有道，其言足以兴，国无道，其默足以容。《诗》曰：“既明且哲，以保其身，其此之谓与？（在国家政治清明的时候，他的言论可以振兴国家；在国家政治黑暗之时，他的沉默可以保全自己。《诗经》说：“既明智又通达事理，便可保全自身。”大概说的就是这个意思吧？）
>
> ——《中庸》第二十七章

大家都知道“明哲保身”这个成语的意思（原指明智的人善于保全自己。现指因怕连累自己而回避原则斗争的处世态度）。有些人可能会对“明哲保身”报以排斥的态度，但有时候，明哲保身也是一种生存之道。为什么这么说呢？我们不妨来看下面的例子。

俗话说：“伴君如伴虎”。猜忌刻薄的朱元璋封帝后就大杀功臣，把当初和他一起打天下的老朋友几乎斩尽杀绝，徐达、李善长、刘基、胡惟庸、蓝玉、叶升、冯胜、宋濂、傅友德……唯独信国公汤和能幸免于难，这是为何呢？

仔细分析，朱元璋是为了子孙后代的江山永固铺平道路，把所有的旧臣都当做“荆棘上的刺”，汤和自然也不例外。但汤和却因为自己的机警与自律，不贪婪权力财势，最终得以保全自身与家人。

第一汤和对朱元璋有拥戴之功。当初他和朱元璋一起在郭子兴麾下效力时，他比朱元璋的资格还老。后来朱元璋脱颖而出，逐成首领，其他和朱元璋一起出生入死的将领看到他做了老大，心里难免不服气，而汤和在关键时刻率先承认朱元璋的领导地位，且不与之争功。第二，在打下江山大封功臣之时，朱元璋故意降他一级，随便找个岔子只封他为侯，其他同等条件的人都封为公的爵位。这个时候，汤和却很谨慎，从来不发牢骚，继续兢兢

业业地效力皇上，还向朱元璋作出诚恳而深刻的自我检讨，这才被朱元璋宽恕，几年之后就进封为信国公。第三，当朱元璋对掌控军权的老臣开始不放心时，汤和就投其所好，第一个自动请缨，解除自己的军权。汤和的识相知趣，迎合了朱元璋的心思，使自己得以保全。朱元璋很高兴，马上就拨款在汤和老家为他建造房子，让他衣锦还乡。汤和下野后，低调做人，遵守法纪，平时只饮酒下棋，和官场断除关系，这让朱元璋很是安心。最后汤和因能明哲保身，平平安安活到了七十岁，在洪武二十八年才自然死亡。这使得他成为了明初极其罕见能得以善终的功臣。

试想，如果汤和没有学会审时度势，做人不够机警，不够自律，不够低调，在朱元璋面前像其他功臣一样，爱发牢骚，贪婪权力。那么，他就有可能被猜忌刻薄的朱元璋杀掉。所以说，汤和正因为明哲保身，从而免去了被朱元璋杀害的下场。

秦王嬴政为了统一天下，调集六十万军队交给大将军王翦统领去攻打楚国。临出兵时，王翦向秦王请求把洛阳附近的上好田宅都赏赐给他。秦王应允。秦军刚至函谷关时，王翦又差人回去向秦王索要田苑，连部将蒙武都觉得王翦做得太过分，劝他不要如此。王翦就悄悄和他解释说："大王强横且多疑，现在他把全国的军队都交我统帅，这实际上是把整个国家的命运交给了我。就算他相信我有能力打败楚军，他也会担心我反叛。因此，现在我多请置田宅苑囿，一是可以为自己的子孙后代添些资产，二是能够缓释大王对我的猜疑，我不这样的话，怕是很危险了。"秦王见王翦广请田宅苑囿，非但毫无怨言，反而欣然应允，并因此还对王翦更加放心了。

相对于大将军王翦来说，他讨要田宅其实也不失为一种明哲保身的方法，并且明哲保身的同时还为他的子孙后代积累了一些资产，可谓一举两得。所以，在残酷的社会中，明哲保身能让人更好地生存下去。

【解密《中庸》】

明哲保身不是当缩头乌龟，两权相害取其轻，当事情的结果超出自己的承受底线的时候，不妨选择那条最能保全自己的路。只有保全了自己，才能全身而退，不会伤痕累累，也有了与对方讲条件的资本。

以身作则，有效提升领导力

武王末受命，周公成文武之德，追王大王、王季，上祀先公以天子之礼。（周武王直到晚年才接受上天之命而成为天子，及至周公才完成了文王和武王的德业，追尊太王、王季为王，用天子的礼制来追祀祖先，并把这种礼制一直实行到诸侯、大夫、士和老百姓中间。）

——《中庸》第十八章

一个领导者在下属的眼中往往是一个效仿榜样，他的言行举止都影响着下属的工作态度。领导者想树立权威，让下属对自己心服口服，就必须做到以身作则。

我们来看看前人是如何做到以身作则，从而被人所敬仰的。

春秋时期的晋国有一个叫李离的狱官，在审理一件案子时，因为听从了下属的一面之辞，导致一个人含冤至死。等真相大白后，李离准备以死赎罪，晋文公对他说：官有贵贱，罚有轻重，况且这案子主要错在下面办事的，又不全是你的罪过。李离回答道：“我以前没和下面的人说我们一起来当这个官，我拿的俸禄一文也没有和下面的人分享。现在我犯了错，要是我把责任推到下面的人身上，这样的事，我又怎么能做得出来呢？”最后，他拒听从晋文公的劝说，举剑自刎而死。

正人先正己，做事先做人。管理者要想管好下属必须要以身作则。表率的力量是惊人的。不但要像古人李离那样勇于替下级承担责任，而且要事事为先、严格要求自己，做到“己所不欲，勿施于人”。通过表率树立起在下属心中的威信，才会上下同心，大大地提高团队的整体作战力，让管理事半功倍。因此，李离的这种“以身作则”的精神，是值得大家去学习的。

前日本经联会会长土光敏夫是个地位崇高、受人尊敬的企业家。他在

1965年曾出任东芝电器社长。那时，东芝人才济济，可因为组织过于庞大，层次过多，管理不善，员工纪律松散，因此，导致公司绩效低落。

土光接任之后，马上提出了"一般员工要比过去多用三倍的脑，董事就要用十倍的脑，我本人则有过之而无不及"的口号，来重建东芝。他的口头禅是"以身作则最有说服力"。每天他都提早半小时上班，并空出上午七点半至八点半的一小时。在这一小时里，他欢迎员工与他一起动脑，共同探讨公司的问题。

土光为了杜绝浪费，还借一次参观的机会，给东芝的董事上了一课。有一天，东芝的一位董事想参观一艘叫"出光丸"的巨型油轮。因为土光已看过几次，所以事先说好由他来带路。那天是假日，他们约好在"樱木町"车站的门口汇合。土光准时到达，董事乘公司的车随后赶到。

董事说："社长先生，很抱歉让您久等了。我看我们还是搭您的车前往参观吧！"董事以为土光也是坐着公司的专车来的。

土光面无表情地说："我没乘公司的轿车来，我们还去搭乘电车吧！"

当时那个董事愣住了，羞愧不已。

原来土光为了杜绝公司的资源浪费，使公司管理合理化，便以身示范搭乘电车，还给这个浑浑噩噩的董事上了生动的一课。

这件事马上就传遍了整个公司，公司员工上上下下立刻心生警惕，不敢再随意浪费公司的资源。由于土光以身作则，他点点滴滴的努力，使得东芝的情况逐渐好转，最后成为日本最成功的企业之一。

土光敏夫作为一个领导者能够以身作则，他杜绝浪费的行为间接地影响到公司上下的员工，达到了他想要的效果。

所以，一个领导必须言行一致、以身作则，通过日常的行动来说明自己认同的某种信念。通过这种信念潜意识地来影响下属，让下属能够做到和自己齐心一致。那么，这样下来一个企业何愁不繁荣昌盛呢？

【解密《中庸》】

一个领导想要得到下属的认同，让下属心甘情愿地为自己办事，那么，首先必须学会以身作则。

循序渐进才能水到渠成

博厚配地，高明配天，悠久无疆。无为而成。（广博深厚是要与地相配的，高妙精明是要与天相配的，悠久无穷就像天地那样无边无际。循序渐进，自然水到渠成。）

——《中庸》第二十六章

有很多人在开始做一件事情的时候，总是恨不得马上将这件事给完成了。于是，他们尝试着去找捷径，开始去钻牛角尖，到最后完成这件事情的时候却发现走了不少的弯路，花费的时间比正常情况下完成这件事的时间要多很多，他们为此而懊恼不已。其实，在日常生活中，很多时候做一件事情往往需要遵循某些规律，循序渐进，最终达到水到渠成。

一部《色戒》让无数人记住了汤唯，但在成名前，汤唯在追逐梦想的道路上走了多久，有人知道么？

汤唯的母亲以前在当地是个小有名气的演员，她父亲是个画家。汤唯小时候就在艺术和表演上表现出了惊人的天赋，被省艺校歌舞班看中，还遵母命学习过绘画。高中毕业，她就决定踏上演艺道路，后来她考进中戏，被导演系录取。学生时代的汤唯兴趣广泛，对阅读、运动、音乐都非常热衷。大学期间，她已显露出扎实的表演功底，2001 年台湾著名艺人赖声川来中戏做交流活动，在排演《如梦之梦》时，汤唯出演正方女一号，备受赖声川的赞赏。毕业后，她的演艺之路走得较为平淡，曾参加环球小姐竞选，得了北京赛区第五名，还拍摄了几部不是很出名的电视剧。

2006 年 6 月，李安公开为电影《色·戒》挑选女演员，当时开出的条件是“年龄 19 至 23 岁，身高 164 至 168 厘米，魔鬼身材，聪慧过人，气质高雅古典”。一时间，舒淇、周迅、张静初等一线明星纷纷进入李安视野，但

经过几轮试镜后，27 岁的汤唯最终成为李安初步锁定的目标。

《色·戒》开拍前，汤唯被摄制组带到上海进行魔鬼训练，学习上海话、穿旗袍高跟鞋、唱苏州评弹、苦读史料书籍，她在每天近 10 个小时、历时一个多月训练之后，才达到李安提出的演技要求，终于签订合同。后来汤唯自己说："上海女人习惯穿旗袍，为了演出时行走自如，我每天穿旗袍顶着书走路，土是土了点，但真的很有效啊！"《色·戒》9 月开机，一共拍了 118 天戏，114 天都在拍汤唯。李安把整部戏的成败押在汤唯身上，对她的要求自然是极为严格。汤唯最不顺的一次拍摄，竟然 NG（NG 是拍电视电影时使用的术语，表明这个镜头拍的不合导演的要求，要重来一次）了三十六七次。在 8 个月的拍摄生活里，她哭过，茫然过，可是最终还是挺过了艰难时期。李安的一句"汤唯让王佳芝活了过来！"是对她演绎的最大的认可。

《伊索寓言》中有这么一个故事：在一个暴风雨的天气里，有一个穷人冒着雨跑到富人家讨饭。富人的仆人见到了穷人便厌烦地说："走开走开，不要来打搅我们！"穷人并没有在仆人的轰赶之下离开，而是假装可怜巴巴地说："只要让我在你们的火炉上烤干衣服就行。"仆人认为那不需要耗费什么，便让他去了。穷人看到厨娘在忙着做饭，于是请求厨娘借一个小锅给他煮石头汤喝。厨娘认为穷人的做法很新奇就答应他。穷人到路上拣了块石头洗净就放进锅里煮。穷人说："哎，你总得让我放些盐吧。"厨娘一想也对，便给他一点盐。后来厨娘又在穷人的央求下，给了他些豌豆、薄荷和香菜。末了，又给了他一些碎肉末放到汤里。

最终，穷人在循序渐进的过程中得到了他想要的肉汤。试想，如果这个穷人跑过去乞讨并且直接对仆人说："行行好吧！请给我一锅肉汤！"那么，穷人可能得不到任何施舍。

一个在美国找工作的计算机博士，奔波很多天都一无所获。万般无奈之下，他来到了一家职业介绍所，在没出示任何学位证件的情况下，用最低的身份作了份求职登记。很快他就被一家公司录用了，岗位是程序输入员。不久，他的老板就发现了他非同一般的程序输入能力。这时，他拿出了自己的学士证书，老板马上就给他换了个相应的岗位。再过了一段时间，老板又发

觉他在工作上能提出很多独到的见解，其本事远比一般大学生要高明。这时，他再拿出自己的硕士证书，老板又马上提拔了他。又过去了小半年，老板再次发现这个人能解决实际工作中遇到的全部技术问题，他在老板再三盘问下，只得承认自己是计算机博士，由于工作难找，便把博士学位隐瞒下来的事。第二天，他上班时还没来得及出示博士证书，老板就向他宣布要他做公司副总裁的决定。

如果这位计算机博士在应聘一开始的时候，就出示他的计算机博士证书并要求应聘总裁这样的高职的话，在老板不知道他能力之前，这样的应聘铁定没戏。老板还会认为他不自量力。

所以说，做任何事情只要循序渐进，最终都会水到渠成。

【解密《中庸》】

中国人做事一向讲究遵循规律的浑然天成，更何况人类是群体动物，相互了解是需要一个过程的，盲目冒进、急于求成往往会收到反效果。

韬光养晦是为了一飞冲天

故君子居易以俟命，小人行险以徼幸。（所以，君子安于现状并等待天命，小人却铤而走险妄图获得非分之物。）

——《中庸》第十四章

在现实生活中，肯定存在这样一种人，他们锐气旺盛、锋芒毕露，处事则不留余地，待人则咄咄逼人，有十分的才能与聪慧，就十二分地表现出来。他们往往有着充沛的精力、高度的热情，也有一定的才能，但这种人却往往在人生旅途上屡遭波折。为什么呢？因为这种自恃清高的人不善于韬光养晦，刻意地展现出自己的才能之后，或多或少会招人嫉妒，被人打压，为自己招致了诸多不必要的麻烦。所以，人应学着去韬光养晦。

韬，本意是“弓袋子”，弓的外衣，有“进去”之意。韬光，即收敛光芒，隐藏自己才能和行迹。清代人郑观应在《盛世危言》中说：“自顾年老才庸，粗知《易》理，亦急拟独善潜修，韬光养晦。”谓敛藏才智，不使外露。综观历史，很多人都善于在各种场合下保护自己，待机而动，因此才取得最后的胜利。比如清朝的雍亲王。

雍亲王，也就是后来的雍正，是康熙的皇四子。康熙废了太子后，皇子之间争储的斗争也愈演愈烈。康熙晚年时，储位未定，康熙就预感到自己死后他的儿子之间要有一场厮杀。于是，康熙无奈地教训儿子们说：“将来我百年之后，恐怕我尸骨未寒，你们就把我扔在乾清宫，开始操起刀枪争斗了吧！”

看到父亲这般地反感兄弟之间的争斗，雍亲王便没有参加太子党，也不加入八阿哥党。连他的同胞弟弟十四阿哥参加了皇八子党，他也不置可否，不发表意见，只是韬晦自己，不露声色，把自己想谋取储位的内心的阴谋掩

盖起来。

一天，有个叫做戴铎的幕友对雍正说：“做英明的父亲的儿子难，过分表现，恐怕会引起圣上的怀疑；过分隐藏，恐怕又会被皇上鄙弃。”雍亲王便根据幕僚的建议，给自己总结了四条：第一，诚孝皇父；第二，友爱兄弟；第三，谨慎敬业；第四，戒急用忍。雍正就是依靠这四条准则一步步走向了皇位的。

雍正通过他的父皇反感兄弟斗争，觉得现状并非锋芒毕露的好时机，于是韬光养晦，不去参加太子党也不参加八阿哥党，始终做到诚孝皇父，友爱兄弟，谨慎敬业，戒急用忍。最终得到了至高无上的皇权。

所以，一个有着远大抱负的人，当时机不成熟时，往往会采取韬光养晦的谋略。没有实力的锋芒显露无异于自找麻烦。俗话说：“枪打出头鸟，人揍露头青。”有能力肯定要表现出来，尤其在现代这个社会，自己不亮出技能、优势，他人可能没时间来发现你。但崭露头角也要看时机。时间、地点没选择好，便要得罪旁人，被得罪了的旁人有可能视你为敌，成为你的破坏者。与其这样，不如藏锋露拙，在韬光养晦中孕育实力，在时机成熟的时候，薄积厚发，一举成名。

【解密《中庸》】

潜龙出水必有浪，为什么必有浪？因为在出水前积蓄了足够的力量。韬光养晦，等待属于自己的时机，力求一击即中，而不是铤而走险抱着侥幸心理以小搏大。

第十一章
恩威并施，学会以和服人

解读《中庸》中的管理艺术

中庸所追求的管理模式，是一种和谐的、循序渐进的管理模式。它强调管理者也要安于本职，不存非分之想；它强调管理者要以身作则，加强自身的修养，尊重员工；它强调管理者要把握管理技巧，要学会“以人治人”、“隐恶而扬善”，只有这样，才能形成和谐的上下级关系，才能使管理者达到以和服人却又不失威信的目的。

此外，它还强调管理者应注意管理方法的运用。因为一个优秀的管理者不是教给下属应该怎么做，而是告诉下属为什么要这样做，只有当下属明白了为什么，才能使管理取得最佳效果。

在其位，就要善谋其政

故君子之道，本诸身，征诸庶民，考诸三王而不缪，建诸天地而不悖，质诸鬼神而无疑，百世以俟圣人而不惑。质诸鬼神而无疑，知天也；百世以俟圣人而不惑，知人也。（因此君子治理天下就该以自身的德行作为根本，并要在老百姓那得到验证。考查夏、商、周三代先王的做法而没有背谬，立于天地之间而没有悖乱，质询于鬼神而没有疑问，百世以后等到圣人出现也没有什么不理解的地方。质询于鬼神而没有疑问，这就是知道天理了；百世以后等到圣人出现也没有什么不理解的地方，这就是知道人意了。）

——《中庸》第二十九章

有句古语说道："不在其位，不谋其政。"换一种方式理解，这句话也告诉我们，在其位，就要谋其政，不仅要"谋"，还要"善谋"。在如今市场经济的大潮下，每一家企业都要面对无数同行业和其他行业的竞争，稍一不注意，便会折戟沉沙。互联网公司那句"我们离破产永远只有30天"的名言，对于其他行业同样适用。

激烈的竞争催生了企业对员工的高标准、严要求。企业给了你什么位置，你就要把这个位置应该承担的责任做好，所谓在其位，就在善谋其政，说的就是这个道理。

中庸讲"质诸鬼神而无疑，知天也；百世以俟圣人而不惑，知人也。"说的就是问鬼神而没有疑问，就证明你已经知天理了。而等到百世之后圣人出现也没有什么不理解的地方，就表明你知道人意了。

当你天理人意都知晓了，自然就懂得了取舍进退，会选择对自己最有利的方式去完善自己的人生。而在职场中，知天理就是要你明白你所在的公司

是做什么的，在市场经济的大潮中所处的位置又是如何，而知人意则是说明你要懂得自己所在的职位应当承担什么责任，在公司的运转中起到什么样的作用。知道了这些，你自然就懂得了如何将自己的工作做好，赢得上司和同事的信任和夸奖，使自己成为一名优秀的人才。

这一点，无论是普通员工，还是一名领导者，都是适用的。从领导者的角度来说，任何一家企业的管理者都要有一种“善谋”的管理特质，会管理，才能使公司行走在正确的道路上，高效率地与其他企业进行竞争。

唐骏，原微软中国总裁，2004 年自微软离职后加入盛大网络担任总裁一职。4 年后，唐骏离开盛大，目前任新华都集团总裁兼 CEO。唐骏在加盟盛大的时候，说了一句话，“我只为盛大干三年。”

盛大是什么？1999 年，盛大成立，旗下包括盛大游戏、盛大文学、盛大在线等主体业务。以出现时间最晚的盛大文学为例。2008 年 7 月才正式成立的盛大文学目前拥有 30 万部以上的原创小说版权，并签有中国最有商业价值的近万名作家的全部版权，拿下了网络原创文学 80% 以上的市场份额。2009 年 12 月 24 日，原创文学门户“榕树下”收购案尘埃落定。至此，包括网络文学标杆起点中文网在内的“潇湘书院”、“言情小说吧”、“晋江原创网”、“红袖添香”、“榕树下”与“小说阅读网”七家国内最领先的原创文学网站，已全部归于盛大旗下。但在 2004 年以前，盛大的主营业务，仍然是盛大游戏。而唐骏，则是一个对网络游戏并不了解的人。也就是在这样的条件下，这个不了解网络游戏的人，带领盛大完美转型。

2004 年 5 月，唐骏加盟盛大 3 个月后，盛大就成功地在 NASDAQ 上市了，成为全球网络游戏领域里第一家上市公司。不久，在 2004 年农历最后一天，唐骏又一手策划了“偷袭新浪”的方案，低位买入新浪股票，直到控股比例达 19.5%——按照美国证交会的规定，超过这个比例，持股公司就有权让被持股者合并报表。虽然后来放弃了收购计划，可盛大也从此中获得超过 7000 万美元利润。要是盛大能在那次成功控制新浪，那么在中国互联网就会出现一个由最大的娱乐公司加上一个最大的广告公司组成的巨无霸公司。更关键的是，这两者间的资源互动能把触角伸到原本够不着的地方。“假如这个组合成功的话，那么被改变的不仅仅是这两家公司，也许可能是

整个中国互联网用户的年龄结构。”大度咨询总经理程天宇在后来说。2006年10月，盛大面临2.75亿美元可转换债券到期的经济压力，在唐骏的华尔街之行不久股价应声上涨了30%；在一年之后，中国网络股受到大盘拖累，盛大股价持续走低，唐骏再度赴华尔街，两周后，盛大市值提升8亿美元，而且还带动中国网络股板块集体的上涨。

唐骏一直说自己是职业经理人，所谓职业经理人，就是永远记着，自己是老二，而董事长当然是你要磨合的人。盛大聘用唐骏的代价，是500万元年薪，加上260万股股票期权。而唐骏在离职盛大后，立即分批减持，并没有继续持有。

唐骏还是唐骏，盛大却今非昔比。而做为一名职业经理人，无论在哪个企业，唐骏都做到了在其位，善谋其政，为所在的企业取得了一个又一个成功。而唐骏也成为中国最为知名的“打工皇帝”。

【解密《中庸》】

君子治理天下应该以自身的德行为根本，并从老百姓那里得到验证。同样，身为职业经理人的唐骏也说：“我一定要把中国职业经理人做到极致。”他在盛大的表现说明了在其位谋其政的意义，认清了自己的目标和位置，做到了极致。

管理的技巧在于扬善而不扬恶

子曰:“舜其大知也与!舜好问而好察迩言,隐恶而扬善,执其两端,用其中于民。其斯以为舜乎!”(孔子说:舜真是具有超人智能呀!他能做到这点是平时喜欢征询别人的意见,即使是浅显的话,他也欢喜省察它的意义。把别人的错误和不好的建议隐藏起来,同时又善于表扬别人正确的好建议,最后再把大家的建议,所有好的一面与不好的一面都加以折中,取其中道,再施政于自己的人民,这就是舜之所能为天下百姓拥戴,并被津津乐道的缘故啊!)

——《中庸》第六章

在心理学中,有这样一种说法,表扬永远比惩罚更能使人进步。在职场上,没有人愿意把自己的缺点扩大成众所周知的事,而是希望自己的优点能够被管理者看到。做为一名管理者,要想让公司顺畅地运行下去,就不应该只看到员工的缺点,而忽视其优点。

中庸提倡“隐恶而扬善,执其两端,用其中于民。其斯以为舜乎”,就是建议人们把别人的错误和不好的一面隐藏起来,同时要善于表扬别人的优点和正确的地方。最后再把好的一面与不好的一面加以折中,取其中道。

这个道理也适用于现今的职场。任何一名员工都不喜欢每天受领导批评,而当领导表扬了你,则常会有一种更加努力工作,让自己变得更加优秀的冲动。人的心理就是这样,所以,管理的技巧在于扬善而不扬恶,这样才能使员工的优点得以持续。

亚伯拉罕·林肯是美国第16任总统。他在领导美国南北战争期间,颁布了《解放黑人奴隶宣言》,维护了美联邦团结统一,为美国在19世纪跃居

世界头号工业强国打下了坚实的基础，让美国自此进入经济发展的黄金时代，被国人称为“伟大的解放者”。英国《泰晤士报》曾组织了8位英国顶尖国际和政治评论员，把他们组成一个专家委员会，并对43位美国总统分别以不同的标准进行了排名，最后林肯总统在排名中名列第一。

但你知道吗？林肯长得很丑。在竞选中，相貌丑陋是竞选劣势，可每次有人以此攻击他时，林肯都会借机展示自己的智慧与幽默，例如他和史蒂芬生·道格拉斯一起竞选总统进行辩论时，道格拉斯说林肯是个两面派，有两张面孔。林肯听后，不慌不忙地回答他说：“要是我有两张面孔，我还会情愿戴这一副面孔吗？”林肯的勇于自嘲，马上赢得了台下不约而同的叫好声。也是在竞选当中，由于他的贫苦出身使得他处于劣势，可林肯却利用这一特点拉近了和中下层选民的距离。林肯没专车，他就买票乘车，每到一站，朋友们就会为他准备一辆普通马车。在竞选演说时林肯说：“有人写信来问我有多少财产？我告诉他说，我有一个妻子和三个儿子，他们都是我的无价之宝。此外，我还租了一个办公室，里面有一张桌子，三把椅子，在墙角还有一个大书架。书架上的每一本都值得细读。我个人既穷又瘦，脸长得很长，我想我在竞选中实在是没有什么可依靠的，唯一能依靠的就是你们。”

林肯凭借这种扬长避短的能力，他成为了美国总统，可却又遭遇到了新的挑战——美国内战。

1961年，美国南北战争爆发后，林肯曾先后选派了三四位将领，那时他是按照传统的所谓“完人”的标准选任，要求这些将领身上没有瑕疵。可是，出乎他的意料，北军的每一个“无瑕疵”的将领都让南方军打败。最后，他总结教训，撤换了一批将领，宣布任命格兰特为总统帅，林肯手下的人很是担心，私下警告他说：“格兰特喜欢酗酒，难当大任。”林肯已经从过去的用将的失误中认识到选拔将领不能只求“无缺点”，而应当把有独特军事才能作为选拔将领的基点。虽然格兰特在生活上有嗜酒的缺点，可他有超高的军事指挥才能。因此，林肯回答属下说：“要是我知道他喝什么酒，我倒真想送他几桶。”事实证明，正是因为林肯起用了格兰特为帅，对北军在后来击败南军和废除奴隶制，以及在平定内乱上起了决定性的作用。参战时，格兰特42岁，可短短的4年内战当中，他从上校升为中将，担任联邦

军总司令。林肯于 1864 年 3 月起用格兰特为最主要的将军。格兰特迫使南方军总司令向他投降。凭借自己的功勋，格兰特也在 1868 年当选总统。还于 1872 年连任。

林肯在用人的决策上可说是抓住了事物的要点和本质。在选用格兰特上，林肯一开始就知道这个人的优缺点。在当时的情景下，格兰特出色的军事才能在北方军是非常难得的，是全局所急需的，当然酗酒是一种恶习，可这只是次要的方面。林肯扬长避短，知人善任的才能，极大地推动了南北战争的最终胜利。

从这个例子可以看出，每个人都有缺点，但不能忽视他的优点。管理者的用人之道，在于将人用在能够发挥所长的地方，也就是将员工的优点发挥出来。至于缺点，管理者又不是员工的家人，根本不必要将缺点耿耿于怀，只要能够保证企业的顺畅运作，那一点点缺点又有什么关系？毕竟，即便是管理者自己也是有缺点的。

【解密《中庸》】

谁都有缺点，谁都有优点，谁都希望别人能看见自己的优点而忽视自己的缺点，作为管理者，该想的是如何使用并发扬员工的优点，除非你想和他成一家人，否则，员工的缺点和你一点关系都没有。

管理者最忌以权压人

在上位，不陵下。（在上位的，不可欺凌属下。）

——《中庸》第十四章

相信每一位职场人，都有过被领导强硬命令做事的经历，当时大多数人表面上唯唯诺诺，可心里却愤怒不已。但为了那维生所用的工资大多数人都会选择忍气吞声，只不过在遇到适当的时机，很多人都会选择为管理者添添堵，甚至于背叛公司。而很多管理者还不明白为什么手下的员工会这样？其实，归根结底，就因为管理者以权压人，将人心都“压”散了。

这样并不对，中庸告诉我们：“在上位，不陵下。”就是说身处上位者，不可欺凌属下。每个人的心里都希望能获得他人的尊重，如果领导随意欺凌属下，那属下必定心有怨气，又怎么能为领导努力工作，排忧解难呢？

埃德加·胡佛是个传奇的人物。他创造了美国FBI的神话，在美国联邦调查局FBI的局长宝座上一坐就是半个世纪。作为这个机构的最高掌权人和秘密守护者，胡佛甚至成FBI的化身。

1924年，还是司法部年轻律师的胡佛被任命为FBI局长，可从没有人会想到，他会在这个位子上一待就是48年。在这48年里，美国换了8任总统，16位总检察官，可是没一任总统敢解雇胡佛，因为没有哪任总统知道胡佛到底知道些什么。FBI就在胡佛的指挥下，成为一个有序而严密的机构。在FBI这个机构里，有他建立的指纹档案系统与犯罪实验室，当然还有能干的探员。胡佛要求这些探员对自己绝对忠诚。他们从来就不听令于首席检察官，也不听令于美国总统，只听从胡佛的命令。他掌控着华盛顿的钥匙。胡佛不仅掌控着FBI，还在所有地方控制着它的形象，他甚至要求好莱坞听令自己，摄影棚里拍摄犯罪片时，都得遵循他的意志。电影《国民公敌》在拍

摄时，胡佛给演员詹姆斯·卡格尼的唯一建议就是“在结尾你必须死掉，因为我不想看到任何骗子，活在这个世界上。”假如美国是一家公司，公民就是员工，那么胡佛就是那个高高在上、说一不二、令人恐惧的老板了。在那些对胡佛感到恐惧的人中，除去总统不说，一个活生生的例子就是马丁·路德·金了。胡佛认为自己受到了这位民权运动领袖的有意羞辱，因为马丁·路德·金竟敢不接他的电话。就从这个没接听的电话开始，在余下的生命中，马丁·路德·金就不再有自由可言。胡佛像幽灵般地缠绕着他，并派人对他进行窃听，甚至跟踪。

1972年5月2日，胡佛死在家中。那天下午，尼克松总统在自己的私人日记上写道：“他在一个适当的时候死去了：最幸运的是，他是在位时死的。假如他在之前被迫下台抑或主动辞职，他都很有可能被人杀死。”

你是胡佛吗？如果答案是否定的，那么，请记住孔子说的话，在上位，不陵下。强硬的压人是管理者的大忌，很容易招致反抗，这对一家企业的健康运转是最有危害性的。因此，管理者一定要记得，不要用权压人，最佳方式莫过于以理服人了。

【解密《中庸》】

我们都只是普通人，作为管理者的你也不例外。有人可管，才称得上是管理者，如果以权压人，总有一天会适得其反。惹不起，总走得起，人都跑光了，你也就无人可管了。

用平常心对待犯了错的下属

故君子以人治人，改而止。（因此君子以人来治理人，直到这个有瑕疵的人改变了为止。）

——《中庸》第十三章

中国有句话说，“使功不如使过。”对犯了错的员工进行大度的使用，常会收到出人意料的效果：他会拼命工作，以便将功补过。而且，实践表明，犯了错的人往往比有功劳的人更容易接受困难的工作。使用犯了错的人实际上就是对他的一种强大的激励，可以使其一跃而起，创造出令人“刮目”的成绩。

美国南北战争时，一个叫罗斯韦尔·麦金太尔的年轻人被征入骑兵营。因为战争进展不顺，加之兵源又十分匮乏，他在基本没接受什么训练的情况下就被派往战场。在战斗中，那些血肉横飞的场面让他整天担惊受怕，最后他实在受不了，开小差逃跑了。可不久他就被抓了回来，军事法庭以临阵脱逃罪判了他死刑。麦金太尔的母亲听到这个消息后，就向当时的林肯总统写信要求特释。信中她说，自己的儿子年纪轻，不懂事，是需要机会来证明他自己的。可是这时军队里的将军们忠告林肯严肃军纪，说假如开了此先例，整个部队的战斗力必将削弱。林肯在这种情况下陷入了两难境地。他经过一番深思熟虑后，最终还是决定宽恕这个青年，并说了句著名的话：“我觉得，把一个年轻人枪毙，对他本人绝没什么好处。”为这事他还亲自写了一封信，要求将军们释放麦金太尔：“本信将确保罗斯韦尔·麦金太尔重返兵营，在服完规定年限后，他将不受临阵脱逃的指控。”

今天，这封林肯亲笔签名褪色的信，被一个著名的图书馆收藏。在这封信的旁边还附带了一张纸条，上面写着：“罗斯韦尔·麦金太尔牺牲在弗吉尼

亚的一次激战中，这封信是在他贴身口袋中被发现的。”林肯总统给予了麦金太尔第二次机会，麦金太尔就从一个怯懦的逃兵变成了一名无畏的战士，并且英勇战斗到了生命的最后一刻。

卡耐基在退休时，用百万美金的年薪聘请查尔斯·史考博为美国钢铁公司第一任总裁。百万年薪在当时很高，很多人百思不得其解。史考博说：“我觉得，我那能把员工鼓舞起来的能力，是我的最大资本，而要让一个人发挥出他最大潜力的方法，就是对他的赞赏和鼓励。”他还说：“再没有比上级的斥责更能抹杀一个人的信心的事情了。我从来不批评任何人。我赞成鼓励别人工作，因此我急于称赞，讨厌挑错。假如我最喜欢什么，那就是我诚于嘉许，宽于称道。”

鲍勃·胡佛是个有名的飞机试飞员。一次，他在圣地亚哥表演完准备飞回洛杉矶时，飞机的两个引擎同时出现了故障。幸好他反应灵敏，控制得当，才使飞机得以安全降落。虽然无人伤亡，飞机却被摔得面目全非。胡佛在紧急降落后，第一件事就是检查飞机用油。不出他所料，这架二战的螺旋桨飞机，装的是喷气飞机用油。回到机场后，胡佛看见了那个为他飞机负责保养的机械工。这时，那个年轻的机械工早就为自己犯下的错误而愧疚不已。他以为胡佛会对自己大发雷霆，痛责一番。可是，胡佛并没责备他，只是伸出手拍了拍他的肩膀说：“为了证明你不再犯错，我要求你明天帮我修护我的 F-51 飞机。”

【解密《中庸》】

当下属犯了错，哪怕是一丁点儿错，有的管理者会严词批评，将其骂得狗血淋头。他们认为，只有这样做才能达到警醒下属的目的。其实管理者要有容忍下属犯错误和允许下属失败的雅量。多一份宽容，多一份理解，就多一份合作，多一份支持。

领导魅力比权力更重要

唯天下至诚，为能经纶天下之大经，立天下之大本，知天地之化育。夫焉有所倚？肫肫其仁！渊渊其渊！浩浩其天！苟不固聪明圣知达天德者，其孰能知之？（天下只有最诚心的人，才有治理天下人伦的常纲，确立天下人道人性的本原。知道天地的化育。除了我们这一念之诚以外，哪里还有其它的倚靠吗？真诚诚恳的样子，表明出他的仁爱。他的思虑像水一样深，他的美德像天一样高，要不是本来说聪明圣智而通达天德的人，谁又能知道他呢？）

——《中庸》第三十二章

在当代社会中，为人处世的基本要点就是要具备个人的人格魅力。什么是个人人格魅力呢？人格是指一个人的性格、气质、能力等特征的总和，也是指个人的道德品质和个人的可以作为权力、义务的主体的资格。人格魅力则是指一个人在性格、气质、能力、道德品质等方面具有的迷人的魅力。

一个优秀的领导者一定具有某些人格魅力，那是位于领导者权力影响之外的，能让众人心服口服的一种自然征服力。下面我要说的这个人你肯定知道。

光绪十五年（1889）举人，十六年会试贡士，未殿试，十八年补殿试，为进士及第，授翰林院庶吉士，二十年补翰林院编修；毛泽东称他为“学界泰斗，人世楷模”；他是中国现代史上最著名的教育部长、最成功的大学校长；徐悲鸿应他之邀回国当导师。

他，就是蔡元培。

他像个磁场般吸引了当时中国最为著名的人才，并开创出一种学风。蒋梦麟在《蔡先生不朽》的文章中写道：蔡先生人虽死，可他却为我们留下了

四大不朽精神：学术自由之精神、宽宏大度之精神、安贫乐道之精神、科学求真之精神。人若自身没有量、德、学、才，又如何去宽容别人？蔡元培在入主北大时，就引用《中庸》“万物并育而不相害，道并行而不相悖”的道理，提出了“囊括大典，网罗众家”的办学思想，开创了思想自由，兼容并包的学术风气。所以，北大可以出现陈独秀、胡适、李大钊等新锐人物与旧派学者辜鸿铭、刘师培、黄侃、林纾、陈汉章并存，六七十岁的老翁宿儒与二十几岁的“兔子党”共处的局面。

蔡元培先生的宽容是“无所不包”、“无所不容”的。冯友兰在他的文章《我所认识的蔡校长孑民先生》中，讲到自己所亲历的两件事：一次，冯从新任的蔡校长身边走过，顿觉“他的蔼然仁者、慈祥诚恳的气象，使我心里一阵舒服。我想这大概就是古人所说的春风化雨吧。”还有一次，他因有事需要学校出证，要按正常手续一时办不及。冯大胆闯进校长室，直接去找到蔡。蔡听完情况说明后，马上提笔写了几个字，并“亲切地交代”怎么去文书科办理相关手续。这种不言之教让冯感受颇深，几十年过后都牢记在心，且津津乐道，还念念不忘。冯友兰在回忆蔡元培时还说：“他所以得到学生们的爱戴，完全是人格的感召。”蔡元培之所以能产生如此影响力，多是因自己的人格魅力。例如宽容、和蔼、慎独、淡泊等10种优秀人格特点，是蔡元培的学生、同事们从眼中看到、心中感觉到，通过笔表达出来的，而这些人格魅力正是蔡元培一生成功的根本原因。

【解密《中庸》】

不是人人都能做蔡元培，但人人都可以让自己拥有一个健康的人格，一点吸引人的力量。人常说：处事要讲人格，处世要有魅力。若想提升自己的形象，扩大影响力，最有效的办法就是用人格魅力打动下属。

尊重他人，会让自己更有尊严

旅酬下为上，所以逮贱也。（祭祀将终，旁系亲属的兄弟（宾）与直系亲属的兄弟（主）都要按次序敬酒。祖宗的恩惠荣誉就会这样达到在下位的卑贱者。）

——《中庸》第十九章

人的内心都渴望得到他人的尊重，但只有尊重他人才能赢得他人的尊重。在管理时也是这样。你要尊重每一个人，即使他是你的下属。

1959年，毛主席回到了离别了多年的家乡——湖南韶山。在短暂逗留的这段时间里，他特意请来家乡的老人吃饭。在他向一位70多岁的老人敬酒时，那位老人说："主席敬酒，岂敢岂敢。"毛主席说："敬老尊贤，应该应该。"这件事一时马上就传为佳话。

2001年李安携《卧虎藏龙》参加奥斯卡，获得10项提名，并最终捧得最佳外语片等四项奖。而李凤梅，那时只是片中玉娇龙的武打替身。当圈内朋友把这个消息告诉李凤梅时，她眼里只闪过一丝亮光，可那光亮转瞬即逝。就在几年前，《卧虎藏龙》开机的时候，她被招入剧组为章子怡做武打替身。那个剧组可谓是真正的"卧虎藏龙"，从导演到演员，任何一个名字对她都是如雷贯耳。可她却只是个小小的替身演员，根本就没人会注意到她的到来，也不会有人留意她何时走。视屏前不会出现她的真面目，甚至连演职员表上都不会有她的名字。她想，电影《卧虎藏龙》的庆功会是不会有人会记得通知她参加的。可没想到几天后，制片主任突然给她打来电话，邀请她去参加庆功会。

她高高兴兴地去了。在那种场面，她找到个不起眼的角落坐下，因为她实在是太渺小了。人们都争相过去与李安打招呼，向他表示祝贺，并亲切地

抚摸那个小金人，然后在前面拍照留念。当时，她也很想过去和李安握手，亲手摸下小金人，可她明白自己的分量，事隔两年，如果导演不认识自己，那不是要大出洋相吗？正在她胡思乱想之时，李安的目光落在了她的身上，马上就派助手把她叫到自己身边。“小姑娘，我记得你。你看，这是咱们的奖杯，快拿着奖杯拍张照片吧。”李安这般亲切地和她说，就像久别重逢的老朋友。她慌忙从李安手中接过小金人，按下快门拍下了令她终身难忘的画面。

一位是国际知名导演，一个是普通的替身演员，在现实社会的眼光里，两者地位之差是难量的，可李安却不这么看。“这是咱们的奖杯”，简单又朴实的话，不但饱含真情，更是发自内心的。

有人说，学会平视权威会让人变得高贵，其实，任何一种尊重都会让人高贵。尊老爱幼一直是中华民族的传统美德，这句话不是说说就能证明自己知理。人有地位高低之分，可无人格贵贱之别。无论是著名的科学家，还是普通的清道者，只要是劳动者，都值得我们尊重。

1959 年的一天，朱德元帅在云南政治学校礼堂看戏。开演前，朱德同志正和身边观众谈话时，一位耄耋的老人在服务员的带领下走了过来，他一眼认出这个老人是自己早年在云南陆军讲武堂学习的教官叶成林，就急忙起身上前敬礼。礼毕之后又紧握老人的双手，亲切地称呼：“叶老师！”随后再请叶老入座，等老人坐定后他才坐下。

尊重是一种品格，也是一种修养。没有什么理由可以让我们以高山仰止的目光去审视别人，我们更没资格用不屑一顾的神情去嘲笑他人。如果别人其他方面不如自己，我们就不能用傲慢和不敬的话去伤害别人的尊严；如果自己在其他方面不如别人，我们也不必用自卑或嫉妒去代替应有的尊重。因为一个真正懂得尊重别人的人，必定会赢得他人的尊重。

【解密《中庸》】

每个人的生命都是尊贵的，尊重别人，会让自己更有尊严。我们还应学会尊重自己，就是不要看不起自己，要有自信，这才是对自己最好的尊重。

第十二章
人前藏智，做到进退自如

解读《中庸》中的处下之道

所谓“处下”，不代表你在下层，只能代表你还有你的上司，有你的领导。那么，你就应该懂得怎样处下，否则，你就有可能在不知不觉中得罪你的上司，这绝对是你所不希望发生的事情。

中庸思想里就明确提出了处下的原则。第一点就是“不援上”，即不刻意巴结迎合上司，因为这种人可以讨得上司的欢心却无法赢得上司的尊重。处下者还要懂得做事的分寸，即分内的事情一定要做好，但逾越身份的事情绝对不做。此外，处下者还要讲究进退之道，不论何时，都要给自己留一条退路，因为只要能退，就还有进的机会！

该聪明的时候别糊涂

有所不足，不敢不勉；有余不敢尽。言顾行，行顾言，君子胡不慥慥尔？（那些没做到位的事情，不敢不继续努力去做；即使是做多了的，也不敢说做够了。说话时要考虑自己的行动能力，行动时也要考虑到自己所说的话，做到言行相顾，君子何不努力实践呢？）

——《中庸》第十三章

按照中庸的字面翻译，君子很难当，因为每个人都不可能做到随时随地都能说出合适的话，做出合适的行为。但是，如果我们换个角度来理解，清朝郑板桥“难得糊涂”的说法让我们看到了另一种中庸之道。

“难得糊涂”这四个字是当年郑板桥在山东莱州的云峰山观碑时写的。据历史记载，有一年秋天，郑板桥从潍县来此地观碑，他主要是想来观赏郑文公碑。由于碑刻深深地吸引了他，所以，盘桓至晚，不得不于当晚借宿山间茅屋。

茅屋的主人为一位老翁，自称糊涂老人，却出语不俗。老人室中陈列了一尊方桌般大的砚台，石质细腻，镂刻精良，使得郑板桥大开眼界。攀谈中，老人得知来客是潍县县令郑板桥，不禁肃然起敬，遂请郑板桥题字以便刻于砚背。郑板桥亦以为老人必有来历，不便多问，便题写了“难得糊涂”四个字，落款，他用了“康熙秀才雍正举人乾隆进士”的方印。

因砚台很大，尚有些余地，郑板桥说，老先生似还应写一段跋语。老人思忖片刻便写下了“得美石难，得顽石尤难，由美石转入顽石更难，美于中，顽于外，藏野人之庐，不入富贵之门也”。老人也拿出一方印钤盖于落款处，为“院试第一乡试第二殿试第三”。郑板桥看后大惊，这才知道眼前

的老人竟然是一位隐退的达官，与之细谈，方知原委。有感于糊涂老人的自命名，郑板桥见尚有些空隙，当下补写了一段“聪明难，糊涂尤难，由聪明转入糊涂更难。放一着，退一步，当下安心，非图后来福报也”。老人看后仰天大笑：“真乃高士也。”郑板桥亦称：“得遇老人家，实实三生有幸！”从此，郑板桥留下了他的“难得糊涂”和“聪明糊涂论”。

在当今社会，随着社会变得日益多元化，人际间的关系也越来越复杂，如何在合适的时候说出合适的话，做出合适的行为，是很多人都头痛的问题。郑板桥一句“难得糊涂”，道出了中庸世界观的一种大智若愚，而不同年龄不同阅历不同环境的人，往往也会有不同的理解。

对在职场打拼的人来说，如何为人处世，是一门必须要熟练掌握的知识。什么时候该聪明，什么时候该糊涂，这是一种境界。我们常说，做人难，难做人，面对职场的纷纷扰扰，多数人都很难把握处世的分寸，不到位不好，而过又犹不及，确实很费脑筋。

为人处世之道，唯有大聪明，才能装糊涂；唯有大智慧，才能真聪明。那些精明反被精明误，成天想着占小便宜的人，在职场上根本取得不了大的成绩。要想做大事，立大业，那就要知道什么时候可以糊涂，什么时候要聪明。大度能容，才能一分糊涂一分超脱；扬长避短，才能不怕挫折迎难而上。那些在现实中拿得起却放不下的“聪明人”，做事常常是明知不可为而为之，乃至身枯力竭仍在拼命。还有些人干大事糊里糊涂，但在小事上却十分聪明，为蝇头小利而费尽心机、锱铢必较，这种处世之道实在不可取。

【解密《中庸》】

具体事例具体分析，说起来简单做起来难。很多时候根本没有给你反应的时间，随机应变，重点就在“变”字上，揣着明白装糊涂，也是人生一种哲学。

上司要的忠诚你给的了吗

> 君子之道四，丘未能一焉：所求乎子以事父，未能也；所求乎臣以事君，未能也；所求乎弟以事兄，未能也；所求乎朋友先施之，未能也。（君子的四个方面，我都没有做到：身为儿子，我没有尽到子女的责任；想事君，却没人肯聘请；兄弟尊奉兄长这种兄弟之情的责任，我也未能完成；我一生清贫，行布施、广济众人这样的善行我也做不到。）
>
> ——《中庸》第十三章

《中庸》有一段话，是感叹君子的四个方面没有做好。身为儿子，没有尽到子女的责任；想事君，却没人肯用；兄弟之情也没有做好；而行布施、广济众人这样的善举也做不到。

《中庸》中的这些感叹让我们知道了君子所行的四个方面到底是什么，而换个角度来看，这些方面也不离“忠诚”二字。无论是对父母君主还是兄弟大众，君子所行都离不开忠诚。在中华五千年的文明史上，“忠诚”是一个永远存大的精神支点。古代君王“君要臣死，臣不得不死”便是忠诚在封建社会的最好体现。

将这个道理放到现代职场，忠诚更是一家公司众志成城，发展壮大的重要条件。对现代企业的管理来说，忠诚更是一个值得珍惜的品质，员工的忠诚，可以让企业上下一心，在商海中乘风破浪，而管理者也不必担心手下员工的背叛。

对混迹职场的人来说，忠诚这两个字，是让人感到沉重的字眼。工资的高低、同事的关系以及领导的好坏，都影响着我们对上司的忠诚，我们每个人都珍惜自己的忠诚，因为我们知道，一旦向上司交出了忠诚，那就是一辈

子的事情。在现代生存压力越来越大的今天，大多数的忠诚早已被利益所取代。但是，如果真正想在企业中有所建树，那么，向上司表达适当的忠诚，便是一件非常重要的事情。

在1646年的秋天，清兵向福建发起进攻，隆武帝被俘。当时，手握隆武朝廷军权的是郑成功的父亲郑芝龙，，他在汉奸洪承畴的勾引下，率兵投降了清朝，此举遭到郑成功的反对。郑成功率部下首先在广东南沃岛起兵，接着进至厦门鼓浪屿，于1650年占领厦门、金门两岛。以后与清军不断有战事发生，逐渐收复了福建漳、泉地区，并控制了北至浙江舟山，南到广东潮惠的东南沿海地区。接着，在1659年的夏天，郑成功又率10余万水师北上，经舟山进入长江，连续攻下瓜州、镇江等城。在坚持抗清的同时，郑成功还和侵占我国领土台湾的荷兰殖民者展开长期的斗争。荷兰殖民者于1624年侵占了我国领土台湾，他们对台湾人民进行残酷的奴役，并不断骚扰福建、广东沿海地区，1661年4月，郑成功将防守厦门的重任交给长子郑经，自己亲率战舰120艘，将士25000余人，在金门料罗湾誓师东进收复台湾。在此后近一年的争战中，荷军损失惨重，伤亡近2000人。在郑军的打击下，荷兰侵略军被迫于1662年2月1日投降，台湾被侵占达38年之久，这一天终于重归祖国怀抱。

众所周知，郑成功效忠的是大明王朝，而不是大清帝国。但清康熙帝爱新觉罗·玄烨认为郑成功是前朝旧臣而不是乱臣贼子。他还写道："四镇多二心，两岛屯师，敢向东南争半壁；诸王无寸土，一隅抗志，方知海外有孤忠。"赠与南安郑氏祖坟。郑成功孙子郑克塽于1683年降清后迁居燕京，他上疏表示"念台湾远隔溟海，祭扫维艰"，请求迁回内地。康熙皇帝对此下诏："朱成功系明室之遗臣，非朕之乱臣贼子。敕遣官，护送成功及子经两柩，归葬南安，置守冢，建祠祀之。"并题赠挽联："四镇多贰心两岛屯师敢向东难争半壁；诸王无寸土一隅抗志方知海外有孤忠"。康熙三十八年（1699年）五月二十二日，郑成功父子迁葬福建省南安市康店村覆船山，附葬于七世祖郑乐斋坟墓内。

他做了崇祯帝的秀才，便一生忠于大明，并从未掩饰过自己的想法，即使是在面对父亲郑芝龙的时候，他也直言对大明的忠诚。而正是因为这样的

忠诚，才使他光辉万古，成为民族英雄。

而换作在现代社会，在职场混迹的你，是否给了上司你的忠诚呢？

【解密《中庸》】

我们不必要这样“死”忠，但是我们需要那样的诚实。拿了薪水，便要诚实做事，在薪水有效期间，忠于自己的企业。

不在其位，不谋其政

非天子，不议礼，不制度，不考文。（不是天子，就不要思订礼，不要制定礼法，不考订礼经。）

——《中庸》第二十八章

中庸说“非天子，不议礼，不制度，不考文。”说的是如果你不是天子，就不要订礼，不要制定礼法，不考订礼经。这些事情只有天子能干，而别人干不了，也不能干。从中可以看出中庸所讲的一个道理——不在其位，不谋其政。在这个位置上，你可以将这个位置应该干的事情做好，其他事情就不要做。否则是会乱套的。

在当今的职场上，不在其位，不谋其政可以算是一句金科玉律了，也是很多人明哲保身时的信条。其实，从积极的一面来看，这句话是在告诉我们：该自己做的事就做，不该自己做的事就不做。

现代社会分工越来越细，很多事情并不是一个人就能完成的，而团队作战已经越来越成为人们工作的方式，这就需要每个人都能够明确自己的职责，在自己的份内把事情做好，这样一来，又有什么事情不能做成功呢？而如果你在做着自己职责内的事情的同时，又要插手不属于自己份内的事，那么整个工作进程就会被你所打乱，最终的结果很可能是事情越做越乱，离成功也越来越远，这是不可取的。

战国时期，赵王得到了一块“和氏璧”，这可是非常名贵的玉石。秦王知道了这件事，便派使者前往赵国，对赵王说，秦国愿意用十五座城池来换他的“和氏璧”。于是，蔺相如自请携玉前往秦国进行交换。然而当他到了秦国，将和氏璧交到秦王手上后，却发现秦王根本就没有用十五座城池换取的意思。蔺相如被逼无奈之下，谎称玉石上有瑕疵，要为秦王指出来，秦王

只好将和氏璧交还。蔺相如一拿到和氏璧，便将它抱在怀里说："我知道大王并不想用城池换玉石，如果您硬是逼我，我就将自己的头和这和氏璧一起撞碎在柱子上！"见此情景，秦王立即叫人拿来地图，指着地图说："从这里到这里的十五座城，都归赵国。"但蔺相如已经无法再相信秦王的话了，于是找了个借口，将和氏璧拿回公馆，派手下偷偷走小路将和氏璧带回了赵国。

几年后，秦王和赵王相约在渑池会面。赵王和大臣们商议道："如果去，怕是会有危险；如果不去，又显得没胆量。"蔺相如支持赵王前往，不能让秦王看笑话。听了蔺相如的话，赵王才决定动身，并且让蔺相如一起去。大将廉颇率军一路随行，在边境上做好准备抵御秦兵。到了渑池，赵王见到秦王，他们一起吃饭聊天，中途秦王却叫他鼓瑟，赵王推辞不过，只好从命。于是，秦王叫人做记录：某年某月，渑池会上，赵王为秦王鼓瑟。秦王如此羞辱赵王，蔺相如看不下去了，于是来到秦王面前，说："请秦王为赵王击缶。"秦王拒绝，蔺相如一再要求，并且说："您离我只有五步远，如果您执意不答应，我就跟您拼了！"秦王被逼无奈，只好击了一下缶。蔺相如也叫人做记录：某年某月，渑池会上，秦王为赵王击缶。秦王想占便宜没占到，他知道赵国已有大军守候在边境上待命，因此他不敢拿赵王怎么样，只好让赵王回去了。这一次，蔺相如又立了功，赵王封他为上卿。

再说廉颇，在赵惠文王十六年时，就因伐齐有功被提升为上卿。蔺相如虽然也做上卿，但因为是文官，所以上朝集会时，位置在廉颇的右边。秦汉以前以右为尊，所以给人的印象蔺相如的职位比廉颇高。廉颇想：我为赵国拼命打仗，立下战功，我的功劳难道不如蔺相如吗？他光凭一张嘴，有什么了不起的，可地位反倒比我还高！就这样他越想越不服气，怒气冲冲地说："我要是碰着蔺相如，要当面给他点儿难堪，看他能把我怎么样！"蔺相如知道后马上吩咐手下的人以后遇到廉颇的人多让着点儿，不和他们发生争执。蔺相如手下的人受不了这个气，就跟蔺相如说："您的地位比廉将军高，他骂您，您反而躲着他，让着他，他就更不把您放在眼里啦！"蔺相如说："对呀！我见了秦王都不怕，难道还怕廉将军吗？要知道，秦国现在不敢来打赵国，就是因为国内文官武将一条心。我们两人好比是两只虎，两虎相

斗，难免有一只要受伤，甚至死掉，这就给秦国造成了进攻赵国的好机会。你们想想，国家的事儿要紧，还是私人的面子要紧？”廉颇听说了蔺相如的这番话，非常惭愧。他脱掉衣服，背上绑上荆条，直奔蔺相如家请罪，他请求蔺相如鞭打自己。蔺相如给他穿好衣服，拉着他的手请他坐下。至此，二人冰释前嫌，文武同心，携手为国家建功立业。

正所谓将相和，平天下。

“不在其位，不谋其政”并非是事不关己，高高挂起，而是换种心态，协助别人，就是帮助自己。更多和更有效率，就是在人和物质、其他生物关系上的特点。人渴望着维持这个趋势并正为此努力着。

【解密《中庸》】

人是群体动物，永远不可能真的以一己之力做完一切。只有摆正自己的位置，严格律己，爱心他人，才能得到最好的回报。

光华内敛与无为而治

君子之道，淡而不厌，简而文，温而理，知远之近，知风之自，知微之显，可与入德矣。

（君子之道，是平淡而不艳，简朴而文采，有理而温和，见远而思近，见风而思己，见微而知着，知千里之行始于足下，知风之来自何方，可以给他人以帮助。）

——《中庸》第三十三章

整部《中庸》，都在推崇一种君子之道，中庸认为，“君子之道，淡而不厌，简而文，温而理，知远之近，知风之自，知微之显，可与入德矣。”就是说真正的君子，是平淡而不艳，简朴而有文采，为人有理而又温和，眼光长远也注重眼前，见微而知著，知千里之行始于足下，知风之来自何方，可以给他以帮助。

这种君子的定义即要求君子张扬，也要求君子内敛，于无声处表现自己的才华，于无为处展现自己的能力。简单来说，光华内敛，无为而治，是君子行事为人的道理。如果能执此而行，便是君子了。

中庸对君子的定义，也是在告诉我们为人处事的道理。中庸所遵循的哲理，就是不偏激，也不守旧。做事情，喜欢在润物细无声中渐渐把事情做好，这与中华五千年的传统文明息息相关，在西方，人们信奉表现，将自己的才能大方地表现在外人面前，而对东方的中国来说，含蓄、无为才是为人处事的准则。

王阳明，很多人恐怕都不太熟悉这个名字。这并不是他的本名，他的本名是王守仁，字伯安，号阳明子，人们称他为阳明先生，因此他又被叫做王阳明。他的学说被人们称为“心学”。他是中国明代最著名的思想家、哲

学家、文学家和军事家，而且是陆王心学之集大成者，他不但精通儒家、佛家、道家，还能率军打仗，在中国历史上是少见的全能人才。

据说，王阳明出生前，祖母正在睡觉，梦见有人从云端送子而来，一觉醒来，刚好王阳明出生，于是祖父给他起名为王云，同乡的人也将他出生的地方称为瑞云楼。然而，他一直到了五岁的时候还不会说话，有一天，一位高僧路过他家门前，看见他，便抚摸着他的头说："好个孩儿，可惜道破。"意思就是说，他名字中的"云"字道破了他出生的秘密。王阳明的祖父听后恍然大悟，立即将他的名字改为"守仁"，从此，他便能够开口说话了。

王阳明的父亲对他管教很严，他少年时期学文习武，非常刻苦，但因为喜欢下象棋，总是因此而耽误功课。父亲每次都责备他，可是他却屡教不改，父亲一怒之下将其棋子扔进河里。王阳明的内心受到震动，顿时开悟，写下一首诗来抒发自己的志向：

象棋终日乐悠悠，苦被严亲一旦丢。
兵卒坠河皆不救，将军溺水一齐休。
马行千里随波去，象入三川逐浪游。
炮响一声天地震，忽然惊起卧龙愁。

他将自己喻为诸葛亮，下定决心成就一番事业，从此努力读书，进步飞快。骑马、射箭、兵法样样精通。后来，他考取了进士，任兵部主事。当时，朝廷中所有人都知道他是个知识渊博的人，然而提督军务的太监张忠觉得王阳明考取的是文士，却在兵部任职，对王阳明很是蔑视。有一次，张忠强令王阳明当众射箭，想让他出丑。没有想到的是，王阳明毫不犹豫地拉开弓，连发三箭全中，全军上下为其欢呼，令一旁的张忠非常尴尬。

在思想理论上，王守仁也颇有建树，他是我国宋明时期主观唯心主义集大成者。他发展了陆九渊的学说，以此与程朱学派相抗衡。他说："无善无恶心之体，有善有恶意之动，知善知恶是良知，为善去恶是格物。"这也成了他讲学的宗旨。他断言："夫万事万物之理不外于吾心"，"天理即是人欲"；他否认心外也就是主观意识之外还有理、有事，有物。他主张做学问

“惟学得其心”，“譬之植焉，心其根也。学也者，其培壅之者也，灌溉之者也，扶植而删锄之者也，无非有事于根焉而已。”他认为应当用这种修养方法来反求内心，并达到所谓“万物一体"的境界。他的“知行合一”、“知行并进”的学说，目的就在于否定宋儒如程颐等“知先后行”以及各种割裂知行关系的说法。在儿童教育这个问题上，他反对“鞭挞绳缚，若待拘囚”，主张“必使其趋向鼓舞，中心喜悦”以达到“自然日长日化”。他的学说在当时的确有一副“反传统”的面孔，在明代中期以后，更形成了阳明学派，影响颇深。他广收门徒，遍及各地。在他死后，尽管“王学”被分成几个流派，但因为同出一宗，所以各有所长。他的哲学思想影响深远，以致远播海外，特别是在日本学术界产生很大的影响。在日本，阳明学甚至成了明治维新中传统思想抵制全盘西化的基础。日本大将东乡平八郎就有一块“一生伏首拜阳明”的腰牌。他的弟子与心学影响了很多人，比如徐阶、张居正、海瑞、陶行知等，他们都扬名海外。

蒋介石先生最推崇阳明先生，由此可见阳明学说的影响。在中国几千年的历史上，作为士大夫的阳明先生是少有的几位既有“立德”、“立言”，又有“立功”的人。在今天，其德行、事功仍受到读书人的敬仰，可见其人格魅力影响之深远。但因为他主张的是唯心主义学说，所以在教科书上关于他的学说少有介绍。《明史》评：终明之世，文臣用兵制胜，未有如守仁者。

中国历史上被认为“立德、立功、立言”都很显著的有两个半人，这“两个人”指诸葛亮、王阳明，另半个人则是曾国藩。

在这些人的身上，我们都能够看到中庸的影子，对中华文明来说，这是最适合个人取得成功的为人处事之道。

【解密《中庸》】

光华内敛是一大境界。声明显著时的光华内敛就表现为一种低调了。不管在何种情况下，能低就低，能退一步就退一步，其智慧在于着眼于大处，着眼于长远。

不刻意巴结上司，才能赢得上司的尊重

在下位，不援上。（身处下位，不巴结上司）

——《中庸》第十四章

巴结，也就是奉承讨好的意思。巴金在《寒夜》中写到：“他看不惯大家对总经理和周主任巴结的样子，那些卑下的奉承话使他发呕。”那么不巴结上司，会怎样？大家都知道海瑞，他被后人称为“海青天”，与宋代包拯齐名。他就是从不巴结人的。

张居正于万历初年主持国政，当时的海瑞就以严峻刚直而闻名，虽经中外官员多次推荐，最终却不任用。有一次在海瑞的家乡举行科举考试，张居正的儿子也来参加。海瑞闻知马上给考官送信，告诫他不许造假。张居正的儿子果然没有考上，张居正听说后非常生气，命令巡按御史对海瑞进行考察。御史来到山中审察，海瑞杀鸡为黍相招待，看到房屋居舍冷清简陋，御史叹息着离去。御史回来后将考察的结果报告张居正，张居正听后也只有叹息，原本想惩治海瑞的念头也打消了。

还有一次，延平府的督学官到南平县视察工作，海瑞和另外两名教官前去迎接。按当时官场的规矩，下级迎接上级，一般都是行跪拜礼。所以，见到督学官后，随行的两位教官都跪地行礼，可海瑞却不下跪，依然站在那里，只是抱拳行礼，三人的姿势俨然一个笔架。督学官见了非常生气，他训斥海瑞不懂礼节。海瑞则不卑不亢地说：“按大明律法，我堂堂学官，为人师表，对您不能行跪拜大礼。”这位督学官虽然怒气冲冲，却也拿海瑞没办法。就这样，海瑞落下了一个“笔架博士”的雅号。

几年后，海瑞因为考核成绩优秀，被任命为浙江严州府淳安县知县。淳安县经济欠发达，又位于南北交通要道，接待应酬的事很多，百姓深受

其苦。海瑞上任后，严格按标准接待，对吃拿卡要的官员不留情面。明朝嘉靖年间，社会风气腐败。达官贵人经过州县时，地方官除了用酒肉招待外，还要有厚礼送上。那礼帖上写的多是“白米多少石”、“黄米多少石”。这“白米”、“黄米”其实都是隐语，指的是白银黄金多少两。这样的风气影响很坏，连一些公子衙内路过，地方也要隆重接待。

一天，总督胡宗宪的儿子，带着一队人马来到淳安。驿站官员不知道来者身份，在接待工作中稍有怠慢，这下惹怒了胡公子，他当场命令家丁把驿吏五花大绑起来，还吊在树上，用皮鞭狠狠抽打。淳安知县海瑞闻听，立刻赶到驿站，见光天化日之下胡公子等人竟如此无法无天，顿时义愤填膺。他大喝一声：“住手！”命令立即给驿吏松绑。胡公子的手下见“半路杀出了程咬金”，呼啦一下把海瑞团团围了起来。胡公子挥着马鞭，傲慢地问海瑞：“你知道大爷是谁吗？”海瑞理直气壮、义正辞严地斥责道：“不管你是谁，都不准在我管辖的地方胡作非为！”胡公子手下的一名家丁威吓说：“狗官，你瞎了眼！这是胡总督胡大人的公子！”海瑞一听，心中早有准备。他冷笑道：“哼，以往胡大人来此巡查，命令所有地方一律不得铺张。今天看你们如此行装威盛，如此胡作非为，显然不是什么胡大人的公子，定是假冒的！”说时迟那时快，海瑞挥手喝令将胡公子拿下，并驱逐出境，还将他沿途勒索的金银财物统统没收充公。

事后，海瑞还立刻给胡宗宪修书一封，一本正经地禀告说：“有人自称胡家公子沿途仗势欺民。海瑞想胡公必无此子，显系假冒。为免其败坏总督清名，我已没收其金银，并将之驱逐出境。”胡宗宪是一代抗倭名将，收到信后他没有怪罪海瑞。就这样，海瑞巧妙地制服了巧取豪夺的胡公子。

海瑞一生为官清廉、刚直不阿，深得百姓的尊敬与爱戴。在南京当吏部尚书时，老百姓称赞甚至拿他的画像当门神。据说听到他去世的噩耗时，当地的百姓就像失去亲人而悲痛万分。当他的灵柩从南京经水路运回故乡时，人们站满长江两岸为他送行。还有许多百姓制作他的遗像，供在家里。民间还广为流传一段称颂他的歌谣：

“海刚峰，不怕死，不要钱，不吐刚茹柔，真是铮铮一汉子！”

【解密《中庸》】

上司是办公室的核心人物，与之相处不好，就有可能影响你的情绪、业绩、奖金等。为了自保，或谋求更大的发展去巴结上司并不奇怪。其实，只要处理好与上司的关系即可，没必要巴结上司。